あなたの人生が
つまらないと思うんなら、
それはあなた自身が
つまらなくしているんだぜ。

1秒でこの世界が変わる70の答え

ひすいこたろう

Discover

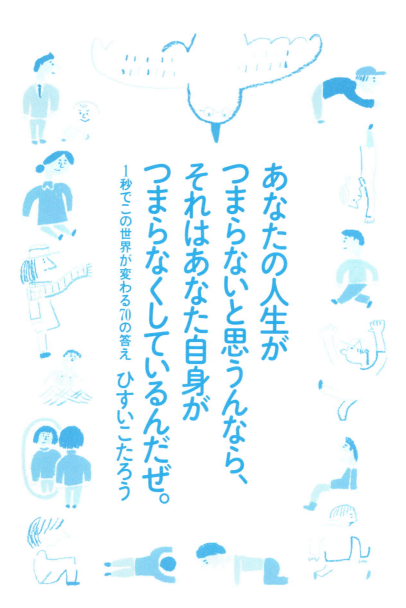

あなたの人生がつまらないと思うんなら、
それはあなた自身がつまらなくしているんだぜ。

1秒でこの世界が変わる70の答え

事実というものは存在しない。存在するのは解釈だけである。

フリードリヒ・ニーチェ

かつて、僕らのご先祖さんたちが夜空を見上げていたとき。

「ねえ、ねえ、この星と、あの星を結んだら、ライオンのように見えない？」

そう盛り上がって名付けられたのが、「しし座」です。

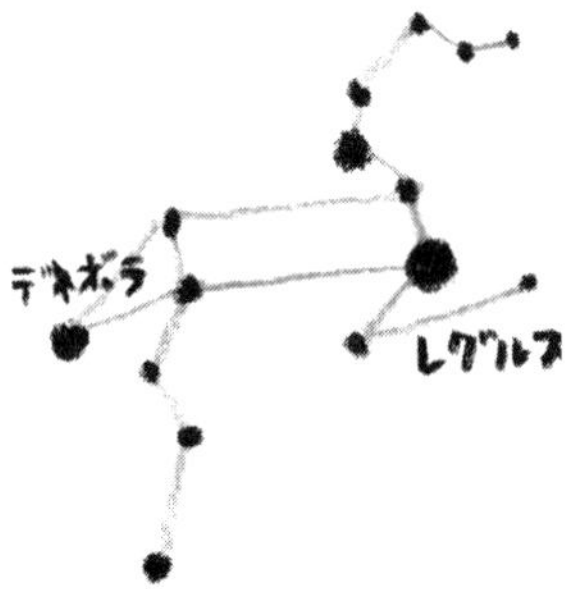

「あれとあれを結んだら、絶対、さそりでしょ！」と盛り上がったのが、
「さそり座」です。

「あれは髪の毛だよね？」

「え？　髪の毛？」

と、若干盛り下がったのが「かみのけ座」です（笑）。

星はただそこにあるだけです。
でも、そこに、ワクワクするような想像を働かせて、星と星を自由自在に結び、夜空に絵を見出し、夜空にドラマを見出していったのが、星座の歴史です。

人生も一緒。現実がただそこにあるだけです。

面白くもなんともない現実を、どう面白おかしくとらえられるかは、あなたの「視点」にかかっています。
問題が問題なのではなく、それをどうとらえるかがほんとうの問題です。
とらえ方はいくらでも自由に変えられます。

この本では、つまらない毎日を、
ドラマチックに変えてしまう視点を、盛りだくさんにお届けします。

ようこそ、ひすいワールドへ。

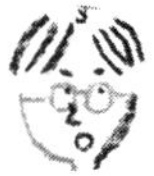

大切にしていたものに
傷がついてショック！
こんなとき、
どう考えればいいの？

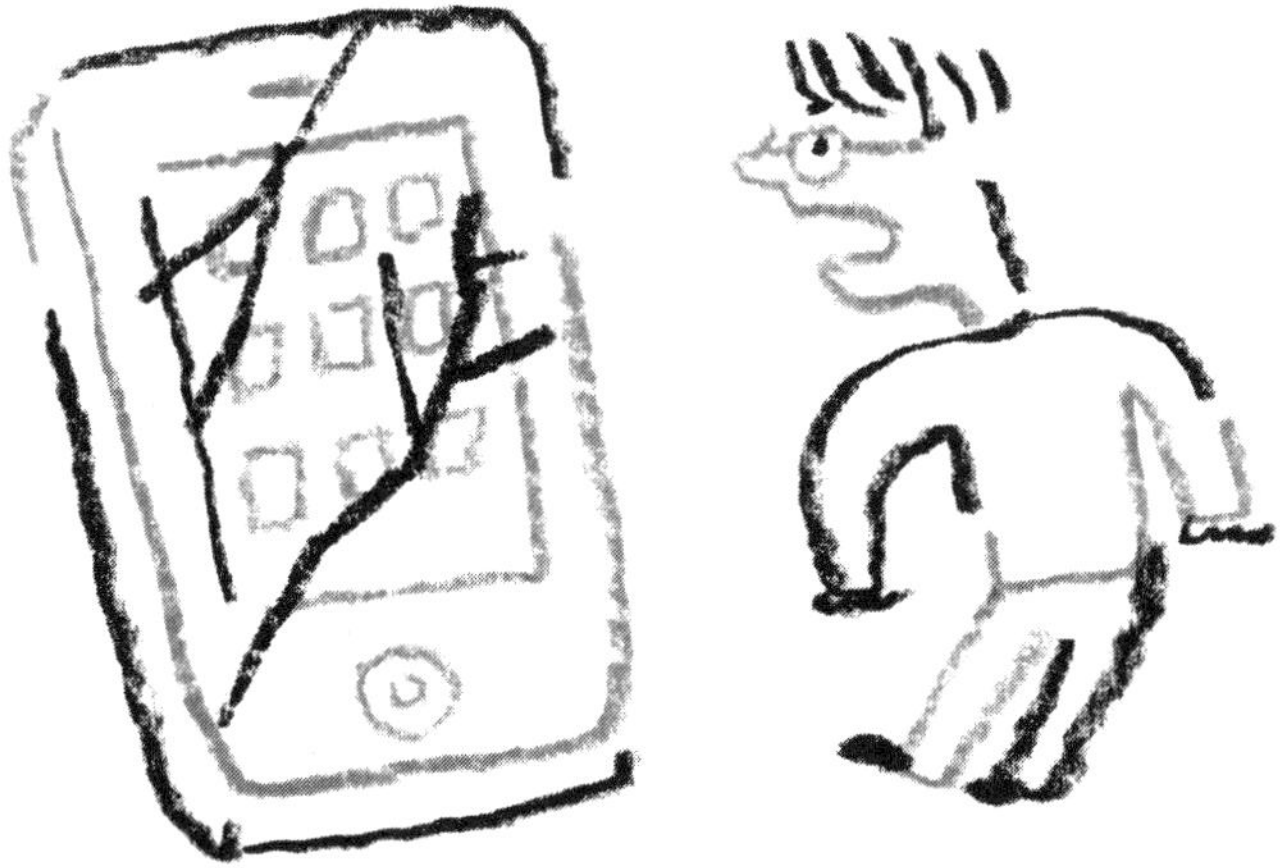

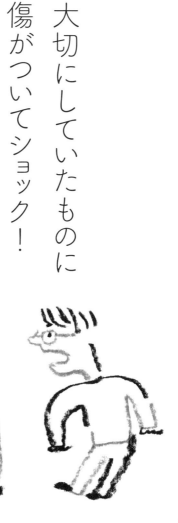

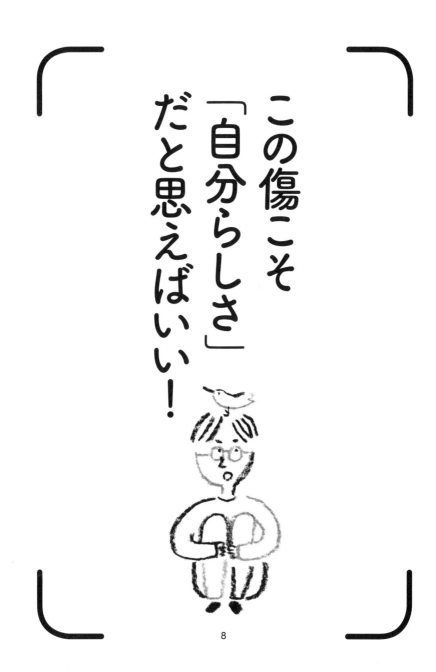

この傷こそ
「自分らしさ」
だと思えばいい！

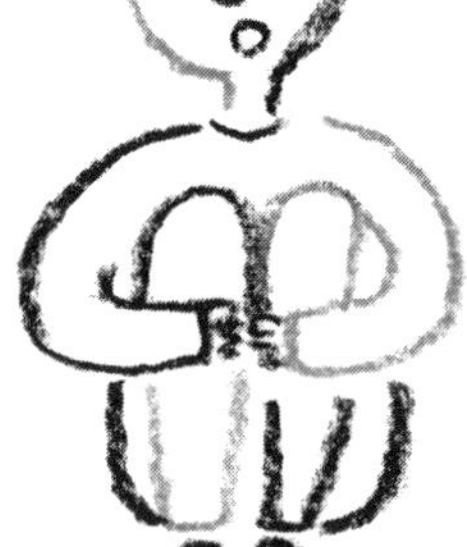

僕はｉＰｈｏｎｅのデザインが好きなので、カバーをせずにそのまま持ち歩いています。

でも、ある日、うっかりを落として、傷がついてしまったんです！

もうショックが大きかった。


こんなふうに、モノにも心にも傷がつくことがあります。


そんなときは、そこに「物語」をつけてあげるといい。

つまり、「解釈」をつけてあげるということです。


たとえば僕の場合。僕は、ちょうど坂本龍馬のお墓まいりに行くときに
ｉＰｈｏｎｅを落としたので、この傷を見るたびに、龍馬から、

「おまん。がんばれよ」

ってエールを送られているんだと考えてみることにしました。

そう思ったら、逆にテンションが上がった！

傷が、僕だけの素敵なオリジナルデザインになった。

もちろん、落とした直後は、どっぷり落ち込みます。凹みます。

それでいいんです。なんの問題もありません。

湧き上がる感情は一切否定せず、全肯定して寄り添います。

そのうえで、「過去（傷）」は活かすしかない。

傷に新しい「解釈」を加えて、望む未来へ進んでいく。

実は、最近新しいｉＰｈｏｎｅに変えたのですが、またもや落として、傷をつけてしまいました。

しかも今回は龍馬のお墓みたいにドラマチックな物語が始まりそうな場所ではなく、ラーメン屋に行く途中でした。

そこで今回は、傷がついてしまったｉＰｈｏｎｅに「名前」をつけてあげることにしました。

名前をつけたほうが愛着を持てます。

それに、傷を見るたびに、このｉＰｈｏｎｅの名前を思い出して、「いつもありがとう」って感謝しようと。

この傷のおかげで感謝できる。
そう思ったら、また、ショックから立ち直れました。
（ちなみに僕のiPhoneの名前は「シャー・アズナブル」といいます（笑））

たとえ傷であっても、その傷を「ステキな未来を作るきっかけ」に変えられれば、「希望」にすることができる。

iPhoneを作ったアップルの創業者スティーブ・ジョブズに、こんな逸話があります。ジョブズは取材中、インタビューアーの持っていたiPodを見て、急に不機嫌になった。普通、インタビューアーが自分の開発した製品を持っていたら、ご機嫌になるのがふつうです。取材者は焦りました。
「なにか間違ったことをしてしまったのか……」

実は、ジョブズの不機嫌の理由は、インタビューアーがiPodにカバーをつけていたことが原因でした。iPodの初期のタイプは裏面がステンレスでピカピカです。そのステンレス面に傷をつけないためにカバーをしていたのですが、それがいけなかったのでした。

ジョブズはこう言いました。

「傷がつくのを嫌がって、カバーをしている人がいるけど、傷こそが、キミだけのものになった証じゃないか。傷こそ美しいのに……」

「傷こそ美しい。傷は自分らしさ」と解釈し、その傷を誇りに思うことだってできるのです。

「事実は直接、人には影響を与えません。事実はその人の解釈を通じて、その人に影響を与えます」　加藤諦三

人は、次の流れの中で、行動を起こします。

❶出来事（事実）☞ ❷解釈（意味付け）☞ ❸感情 ☞ ❹行動

「出来事（事実）」が人に影響を与えるのではなく、その出来事をどう「解釈」するかで、「感情」が変わり、「行動」が変わり、「世界」が変わるのです。

出来事をどう解釈するかは1秒で変えることができます。
だから、世界は1秒で変えられる。

あなたの解釈ひとつで、世界はいくらでも素晴らしい場所になります。

本来、世界は、中立で、真っ白なキャンパスとして存在しています。
それを面白くするのは、あなたなんです。

この本は、こんなときはこう解釈するという「ものの見方」や、どこにフォーカスを当てると人生がもっと面白くなるか、その視点の持ち方を、日常によくあるシーンに落とし込んで、70個ご用意しています。

「視点」が変わると「認識」が変わり、
「認識」が変わると「世界」が変わります。

この本を読み終わるころには、あなたは、

大空を舞う鳥のように、
自由な視点から、俯瞰《ふかん》して
自分の人生を眺められるようになるでしょう。

準備はいい？
さあ、君の世界を変える旅にでかけよう。

ひすいこたろう

あなたの人生がつまらないと思うんなら、
それはあなた自身がつまらなくしているんだぜ。

1秒でこの世界が変わる70の答え

もくじ

第1章「がっかり」のとき

第2章「イライラ」のとき

第3章「ショック！」のとき

第4章「モヤモヤ」のとき

第1章

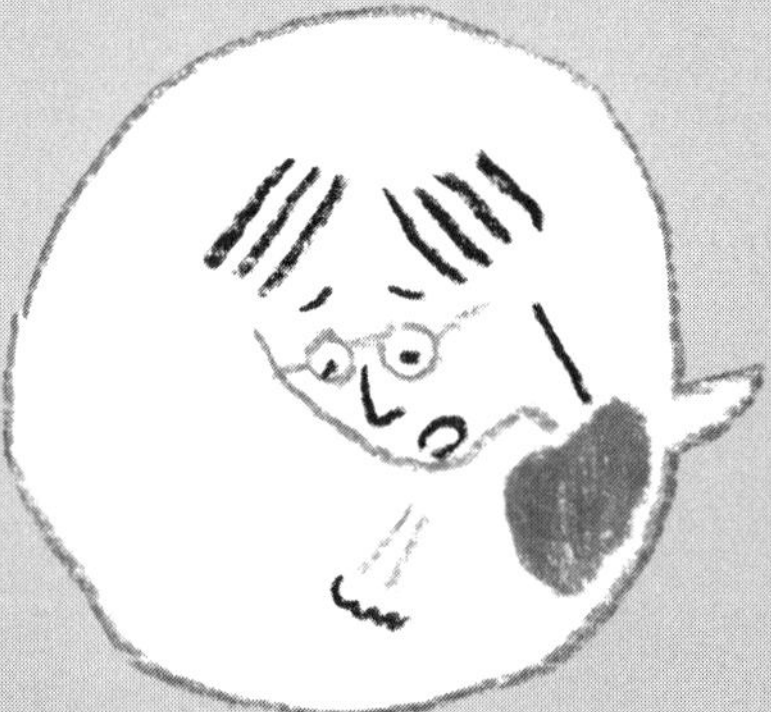

「がっかり」のとき

自分の周りでは、
なーんにも
面白いことが起きない。
どうすれば人生は
面白くなるんだろう？

面白くない「現実」があるのではなく、面白くない「視点」があるだけ。

友人がお笑いの「よしもと」の養成所に通っていたときのお話です。
特別講師で千原ジュニアさんが来てくれた際、こんなやりとりがあったそう。

「ジュニアさんは、ネタ作りをどんなときにしているのですか？」

「いまといえばいま、さっきと言えばさっき、これからと言えばこれから。つまり俺は、24時間お笑いのことを考えてます」

そういうことです。
さらに、「なんでジュニアさんの周りではそんなに面白いことばかり起きるんですか？」という質問に対しては、ジュニアさんは次のように答えました。
「お笑い芸人の周りだけで面白いことが起きてるはずなんかない。でも、わしらは人におもろい話をするって決めて生きてる。だから、面白いものが引っかかるんや」

面白いことが起きる人は、日常のなかで、面白いことに視点を当てています。
面白いことが起きない人は、面白くないところに視点を当てている。違いはそれだけ。

あなたはこの世界でなにを体験したいのか？

なにを見たいのか？　なにを大事にして生きたいのか？

なにがあなたのしあわせなのか？

そこを明確にしてみてください。


僕の妻が妊娠したとき、こう言っていました。

「街のなかって、案外、妊婦さん、歩いてるんだね」

妊婦さんはもとから歩いているんです。　でも、そこに意識がいっていないから、自分が妊娠するまでは、文字通り見えなかっただけ。

意識が変わった途端、見える「現実」が変わり始めます。

だから、あなたの意識が変わったら、１秒で世界が変わります。

外側にあるものが現実として見えるのではない。


自分の心の中にあるものが見える。

それがこの世界のカラクリです。

あこがれていた服を
試着したら、
ゼンゼン
似合わなかった。
こんなときは？

「未来には着こなせている！」と考えればいい。

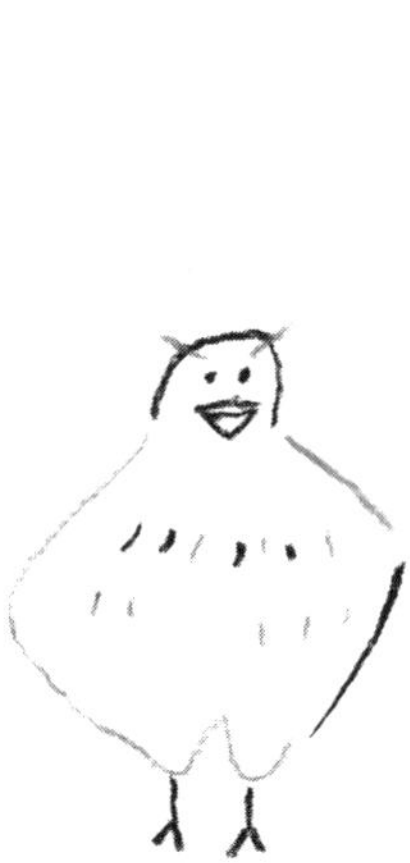

1797 あなたの人生がつまらないと思うんなら、それはあなた自身がつまらなくしているんだぜ。 愛読者カード

◆ 本書をお求めいただきありがとうございます。ご返信いただいた方の中から、抽選で毎月５名様に**オリジナル賞品をプレゼント！**

◆ **メールアドレスをご記入いただいた方には、**新刊情報やイベント情報のメールマガジンをお届けいたします。

フリガナ お名前	男 女	西暦　年　月　日生　歳
E-mail　@		
ご住所　（〒　ー　） 都道府県　市区郡 電話　（　）		
ご職業　1 会社員　2 公務員　3 自営業　4 経営者 5 専業主婦・主夫 6 学生（小・中・高・大・その他）7 パート・アルバイト　8 その他（　）		
本書をどこで購入されましたか？　書店名：		
本書についてのご意見・ご感想をおきかせください		

ご意見ご感想は小社のWebサイトからも送信いただけます。http://www.d21.co.jp/contact/personal
ご感想を匿名で広告等に掲載させていただくことがございます。ご了承ください。
なお、いただいた情報が上記の小社の目的以外に使用されることはありません。

このハガキで小社の書籍をご注文いただけます。

・**個人の方：**ご注文頂いた書籍は、ブックサービス（株）より１週間前後でお届けいたします。代金は**「税込価格＋手数料」**をお届けの際にお支払いください。
（手数料は、税込価格が合計で１５００円未満の場合は５３０円、以上の場合は２３０円です）

・**法人の方：**30冊以上で特別割引をご用意しております。お電話でお問い合わせください。

◇**ご注文**はこちらにお願いします◇

ご注文の書籍名	本体価格	冊数

電話：03-3237-8321　FAX：03-3237-8323　URL：http://www.d21.co.jp

先日、買い物に行きまして、ライダース・ジャケットを試着してみました。

ライダースって、ロックでハードでパンクなイメージですよね。

ポップでソフトでチキンなひすいとしては、まるで真逆のイメージの服。

だからライダースは、いままで試着すらしたことがなかったのですが、どうしても着てみたくなり、チャレンジしてみたんです。

けれども、試着をして鏡を見たら、恥ずかしくなるくらい似合っていなかった。もう赤面しました。試着室に来てくれた店員さんに、僕は照れながら、「似合わなかったな～」と言いました。

すると店員さんが真顔でこう言うんです。


「待ってください！」と。


「待ってください。似合ってないと判断をくだすのは、保留してください」

店員さんは続けました。

「昔嫌いだった食べ物が、年をとってから大好きになることってありませんか？　僕はライダースを、30代になってから着るようになりました。それまでは好んでテーラードタイプのジャケットを着ていたので、ライダースのハードなイメージに抵抗があったんです。

でもいま50歳になり、休日はライダースばかり着ています。

いま、お客様は、そのライダースが似合っていないと思っているかもしれない。でも、未来はわかりません。いま似合う服は、もう十分持っていますよね？　未来に似合う服に挑戦する余地を残しておいてほしいんです」

いまの自分で発想するんじゃなくて未来の自分を基準に考える。

未来の自分に似合う服に挑戦する。

それがファッションなんだ。それがパッションなんだ。

過去に自分はどうだったかではなく、未来、どうありたいかで生きよう。

大切なのは、「これまで」ではなく、「これから」だ。

楽しみにしていた
レストランに
行ったらガーン。
臨時休業。
なんてツイてないん
だろう……。

あえてガラガラの店に入る。
すると、金運が上がる。

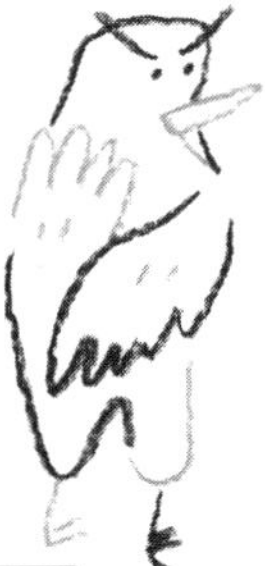

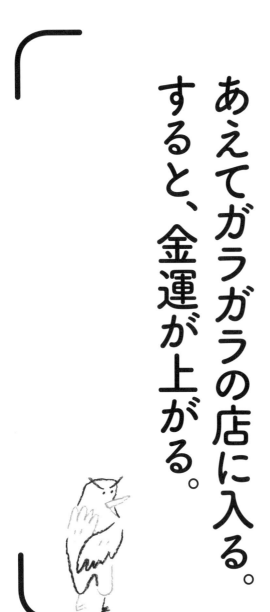

食べてみたかったお店、前から行ってみたいと楽しみにしていたお店が閉まっていると、ショックはデカイですよね。その気持ち、よくわかります。

僕も、大好きなラーメン屋さんに仕事を終えて急いでかけつけたら、なんと定休日で、思わず涙が出そうでしたから（どんだけー！）。

でも、そんなときこそ、その近所で一番ガラガラのお店に入ることにしています。

ガラガラのお店で食事をすると、実は、金運が上がるから。

これは心理学博士の小林正観先生から教わりました。先生は、「お金にも心がある」と言います。それは、人間と一緒で「喜ばれるとうれしい」という心です。

空いているお店ほど、お金はそのお店に喜ばれます。さらにお金は、喜ばれる使い方をしてくれる人のところに行きたがる性質があるのだとか。

つまり、「ガラガラのお店でお金を使う＝金運アップ」という図式が成り立つ。

そう考えると、人気のおいしいお店に入るのも幸せ。

ガラガラのお店に入るのも幸せ。

両方幸せってこと！


実は芸人の萩本欽一さんも、同じようなことを実行しています。欽ちゃんは地方に行くと、タクシーに乗り、行列している人気のラーメン屋に連れていってもらうそうです。行列のできているお店の周りには、たいてい、行列店にお客さんをとられてガラガラのお店がある。欽ちゃんは、あえて、そのガラガラのお店のほうに入ります。

そこで、「ここ、おいしいね」と言うと、店主はニカーっと喜んでくれるのだとか。

決して金運のためにそうしているわけではなく、欽ちゃんはただ、そのニカーっという笑顔が見たいのです。

ごはんを食べることは、自分を喜ばせる行為。

でも、欽ちゃんにかかると、ごはんを食べる行為すらも「人を喜ばせる行為」になる。

さすが「視聴率１００％男」と言われた男の発想法は違います。


投げかけたものが返ってくる。

喜びを投げかけたら、喜びが返ってくるのです。

誕生日なのに
誰からも誘われない。
予定がない。
メールがない。
寂しすぎる。
こんなときは？

自分の誕生日は
お母さんを祝う日。

ひすいこたろうの永遠のライバル、福山雅治さんは、

毎年2月6日にお母さんに花束を贈っています。

自分の誕生日に一番がんばってくれたのは、お母さんだからという理由です。

さすが、わがライバル。粋なことをします（笑）。

そう。福山さんにとって、誕生日とは、お母さんに「産んでくれてありがとう」と伝える日なのです。


一番身近な人を一番大切にしている人は、人として信頼できる。そう思いませんか？

なにより、とても素敵です。

そんな素敵な人を天が放っておくはずがない。

きっと次の誕生日までに、あなたの誕生日を祝ってくれる素敵な人との出会いがあることでしょう。

そもそも誰かに祝ってもらおうと期待しているから、祝ってもらえないときに寂しくなってしまう。

誰かに期待するのではなく、むしろ自分が両親を祝おうと思っていたら、気持ちは晴れ晴れとしてきます。

自分では絶対に起こせない奇跡、それはあなたをこの世界に生み出すことです。

それはあなたの誕生日に、あなたの両親が起こした奇跡です。

直接感謝を伝えるのが恥ずかしければ、手紙でもいいでしょう。

それでも恥ずかしければ、もうこの際、手話で！


ご両親に、もう直接伝えられない人は、想いをこめて、空に向かって伝えてみてください。

「産んでくれてありがとう」と。


「ありがとう」

その言葉は、天国にも届くから。

6

どうしても乗りたかった電車に乗り遅れた〜。こんなときは？

ノープロブレム！

「人生には遅れてないぜ」

と胸をはる。

知人の大学の先生が、インドに行ったときのお話です。

どうしても乗らなければならない電車があり、その電車に乗るためにタクシーを捕まえて、「とにかく急いでくれ！」と頼んだところ、道は渋滞……。

「ほんと困るんですけど」とインド人の運転手さんに言ったら、彼はこう言った。


「その電車に乗り遅れたら、仕事には遅れるかもしれないけど、君の人生には乗り遅れないだろ？」


さすが「0（ゼロ）の概念」を発見したインドだけありますね。

なんだかよくわかりませんが説得力はあります（笑）。

電車に乗り遅れたら、もう時間を巻き戻すことはできないので、受け入れるしか道はない。

それならば、イライラした状態のままでいるよりも、「人生には遅れてないぜ」と胸をはったほうが、そのあとの展開がいい流れになるはずです。

ということで、猛烈にがんばって走って駅まで行ったにもかかわらず、電車に間に合わなかった人は、

「おかげでいい運動ができた。少しやせたかも。今日の夕飯はおいしいぞ」

と考えてくださいね（笑）。

恋人を親友に奪われた。こんなとき、どうすればいい？

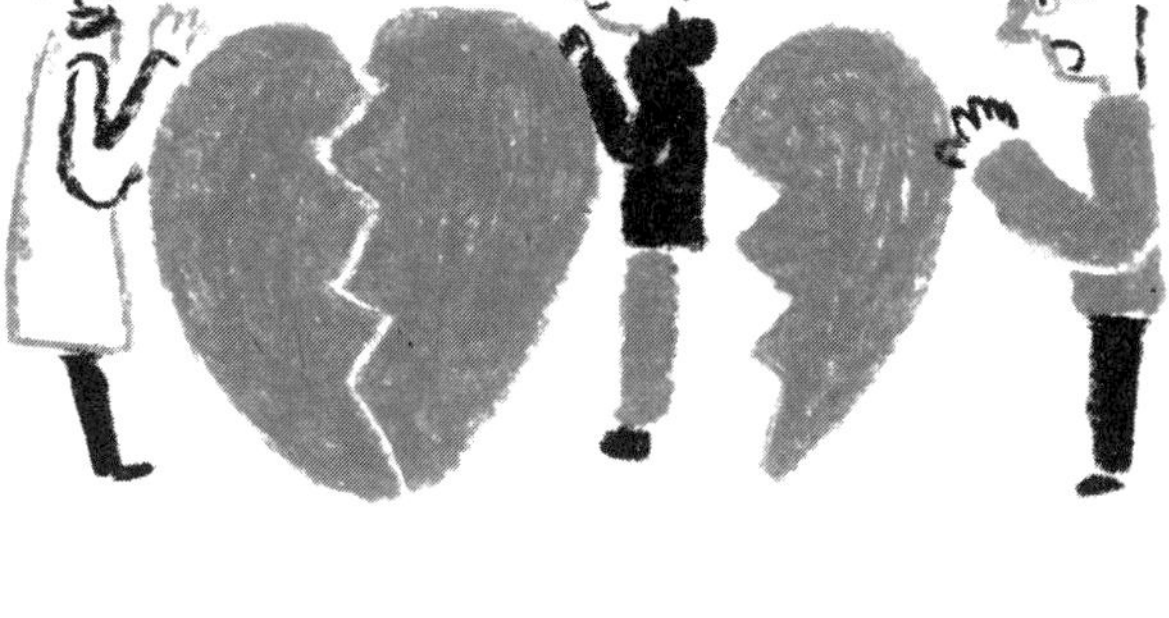

30年後、
あなたは
ほっと胸をなでおろし、
その親友に
感謝することでしょう。

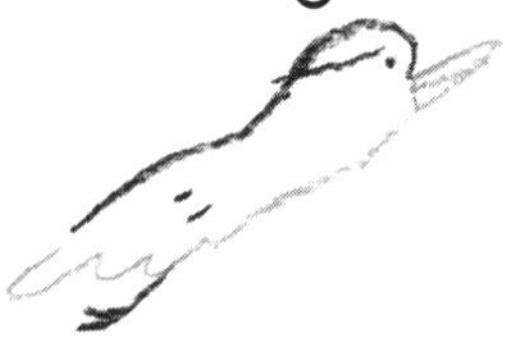

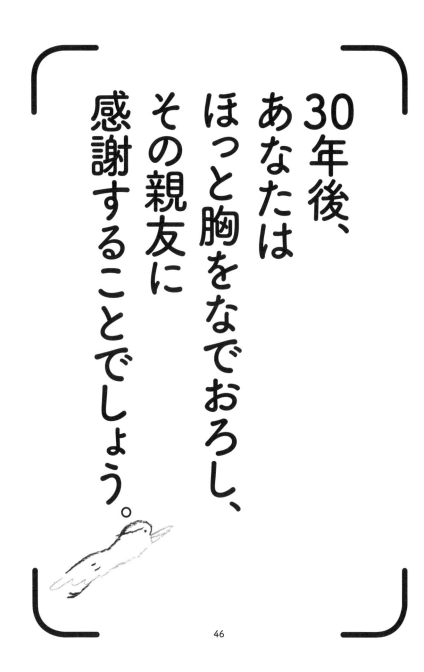

１９１１年（明治44年）生まれで、今年１０４歳になるおじいさまのお話を聞かせていただいたことがあります。

「１０４年の人生を振り返る」というシリーズの講演会のなかで、おじいさまの初恋の思い出をうかがいました。

まだ若かりし学生のころ、彼は初めてつき合った女性を友人に紹介したのだそうです。

すると、徐々に恋人の雰囲気がなんとなくおかしいように感じ始めました。

そんなある日のこと。その友人と自分の恋人がデートしているところを目撃してしまったというのです。友人に恋人を奪われてしまったのでした。

おじいさまは、ショックで声も出ませんでした……。

それから30年をこえる月日が流れたある日のこと。

おじいさまは、新宿駅のホームで一人の女性に声をかけられました。

「誰だろう？」と思って振り向くと、なんと、その昔の恋人ではありませんか！

30年も経っていたにもかかわらず、元恋人の彼女のほうが彼に気がつきました。

あの日から30年以上経った彼女の姿を見て……

おじいさまは、ほっと胸をなでおろした。

「あのとき別れておいてよかった」

と。（もう、ここで講演は大爆笑！）

どんなに悲しかったことも、いつかネタになります。
いつか笑える日がきます。

だから、大丈夫だよ。

抜けた髪の毛を見ると憂鬱になる。こんなときは?

8

では、抜けていない髪の毛に
感謝したことが
あるだろうか？

あなたが生まれてから、1秒も休むことなく、あなたの心臓は、その鼓動を刻んでくれています。食べたものを消化するのだって、あなたの意志ではない。

体は、どんなときも、あなたを生かそうと24時間働いてくれています。あなたのために。

では、僕らはそのことを、体に感謝したことがあるでしょうか？

僕の親戚がガンになり、母と一緒に病室にお見舞いに行ったときのこと。抗ガン剤で毛が抜けて、ベッドに髪の毛が落ちていました。かあちゃんはその髪の毛を見るや、

「髪の毛さん、あなたのために、こんなにがんばってくれたんだね」

そう言って抜けた髪の毛を優しくさすりだしたんです！　親戚の人はびっくりしていました。

それまでは、抜けた髪の毛を見るたびに気が重くなっていたのですが、かあちゃんのそ

の一言を聞いてからは、抜けた髪の毛に愛おしさを感じるようになったといいます。実際、表情もパッと明るくなりました。とらえ方が変わり、一瞬で表情まで変わったのです。

僕はかあちゃんに聞きました。

「かあちゃんは、なんでそんなものの見方ができるようになったの？」

「そんなの、あんたの本を30冊全部、3回ずつ読んでるからに決まってるじゃない！」

親って、ありがたいですね（笑）。

人は、歯が痛いときは文句を言うけど、歯が痛くないときには感謝をしない。

髪だって、抜ければ不満を言うけど、抜けていないときは感謝のかけらもない。

いつもがんばってくれている体のために、たまには体をいたわってあげましょう。

「ありがとう」って伝えながら、全身をさすってあげてください。

ちなみに、僕は月に2回、体へのお礼として、整体をプレゼントしています。

体に感謝。それが自分を大切にするということです。

自分を大切にすると、不思議と周りからも大切にされるようになります。

買ったばかりのティーカップを使う前に割ってしまった。こんなときは？

「厄払いができた！」と、
万歳三唱する。

再び僕のかあちゃんの登場です。

うちのかあちゃんは、おっちょこちょいなところがあって、よくお皿を割ります。家を出る間際に限ってバタバタするので、なにかを落として壊してしまうこともしょっちゅう。

そのたびに、かあちゃんは「縁起が悪い！」と、心が暗くなっていました。


でも、ものの見方のスペシャリスト・ひすいこたろうを育てた母です。こんなことで、いちいち心を暗くしていたのでは、ひすいの母としての名がすたります。

そこで、あみ出したのが次の考え方です。


「そうだ！　割れたお皿は、自分の身代わりになってくれたんだ」


そう思うことにしたら、割れたお皿に対して、「私のためにありがとう」という感謝の気持ちが湧き上がってきたそうです。

さすが、ひすいマザー！（笑）

実は、中国にも同じような考え方があります。

旅行に行く前などに献血に行くと、安全な旅になるというふうに考える中国の占いがあります。

これは、「事前に血が流れたことで、厄払いができた」ととらえているのですね。

そのほか、お皿が割れたときは、「自分の殻が割れて、いよいよ自分らしくなるときがきた！」と、とらえるのもいいでしょう。

暗くなるか、明るくなるか。

考え方ひとつです。

「最近太ったんじゃない？」と、言われてしまった。

「太ったんじゃない。
やわらかく
鍛えたんだ」
と返す。

芸人さんは、すごくモテるという話を聞きますよね。実際、芸人さんのなかには女優さんと結婚される人も多い。

そのモテる秘密を、芸人さんから教えてもらったことがあります。

たとえば、「最近ハゲてきたんじゃない？」って言われたら、もうショックですよね。

でも、芸人さんならこう答えます。

「いいかげんにしろ！　俺のどこがハゲなんだ。もうしばらく待て。春には生えてくるから！」

ここで、「植物かよ！」ってつっこまれるのが「オイシイ」のだとか（笑）。

そしてそして、「最近、太った？」って言われたときは、芸人さんならこう返す。

「太ってねぇよ！　この体はなぁ……。このぷよぷよボディはやわらかく鍛えたんだ」

芸人さんは自分の弱点を楽しく笑いにできるので、相手との距離を瞬時に縮めることができます。自慢話をタラタラするよりも、自分の欠点や弱点で笑いを取れるほうが断然かっこいい。だから、芸人さんはモテる。

欠点のように思われてることも、ありのままに受け入れられたら、それをネタにできるんです。するとそれは、愛嬌として、魅力に変わります。

以前お会いした会社の社長さんは、社員の欠点や弱点でキャラ付けしてあげると言っていました。

空気が読めない人は「空気読めないキャラ」。

話が長い人は、「話がいちいち長いキャラ」。

欠点も弱点も、周りが笑って認めてしまえば、本人も楽になります。

大失恋。
つき合っていた人に、
「実はあんまり好きじゃなかった」
と言われた。

失恋は祝福！
失恋は史上最高の
自分になれる
チャンス！

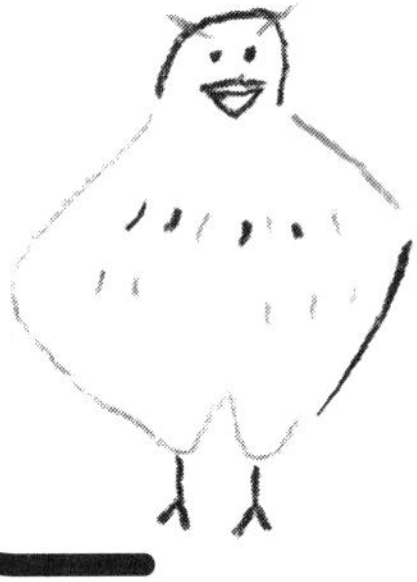

栗城史多《くりきのぶかず》さんは、見た目も体格も大学生のようで、とても登山家には見えない方なのですが、世界7大陸のうち6大陸の最高峰の登頂に成功。29才になるころには、8000メートル峰の山を3つも、単独かつ無酸素で登頂に成功しています。

しかし栗城さんは、そもそも山が好きでもなんでもなかった。夢もなく、毎日を漠然と過ごしていたそう。ただ、ひとつだけ希望がありました。それは、当時つき合っていた彼女と結婚すること。高校3年生のときからつき合い始めた彼女に、どういう人が好きなのか聞いてみたところ、彼女が答えた好きな人の条件は、

1. 大学を出ていること
2. 車を持っていること
3. 公務員がいい

「それなら！」と、栗城さんは警備員のアルバイトをして必死にお金を貯め、大学に入った。車も買った。これで彼女に認めてもらえる。そう思っていた矢先のデートでのこと。その日、彼女はまったく目を合わせてくれず、その理由を聞いても言ってくれない。

彼女が最後に言った言葉は……、

「2年間つき合ったけど、あんまり好きじゃなかった」

彼女にフラれてしまったのです。栗城さんは、家に閉じこもるようになりました。立ち上がる気力さえなく、寝ているだけ。しかも、ある日ふとんのシーツをめくると、自分の身体のかたちにそって黒いカビが生えていた。

このままではダメだ。なにかを始めなきゃ。

そう考えたときに思い出したのが、例の彼女のことでした。彼女は登山が大好きだった。どうして彼女が山に行くのか、彼女が見ていた世界を、実際に自分も感じてみたい。

これが登山家・栗城史多さんの山との出会いになるのです。

悲しいときは栗城さんのようにいっぱい泣いていい。

そして、カビが生えるくらい寝込んだら、立ち上がってください（笑）。

あなたに立ちふさがるすべての問題は、あなたを飛躍させるために存在しています。

大変なときこそ、遠慮はいらない。

なにもかも大きく変わるチャンスなのです。

失うものはなにもないって素晴らしいことです。３６０度可能性がひらけているいまこそ、踏み込んだことのない新しい一歩をふみだすときです。

自分の人生、ドン底。そんな気分のときは？（その1）

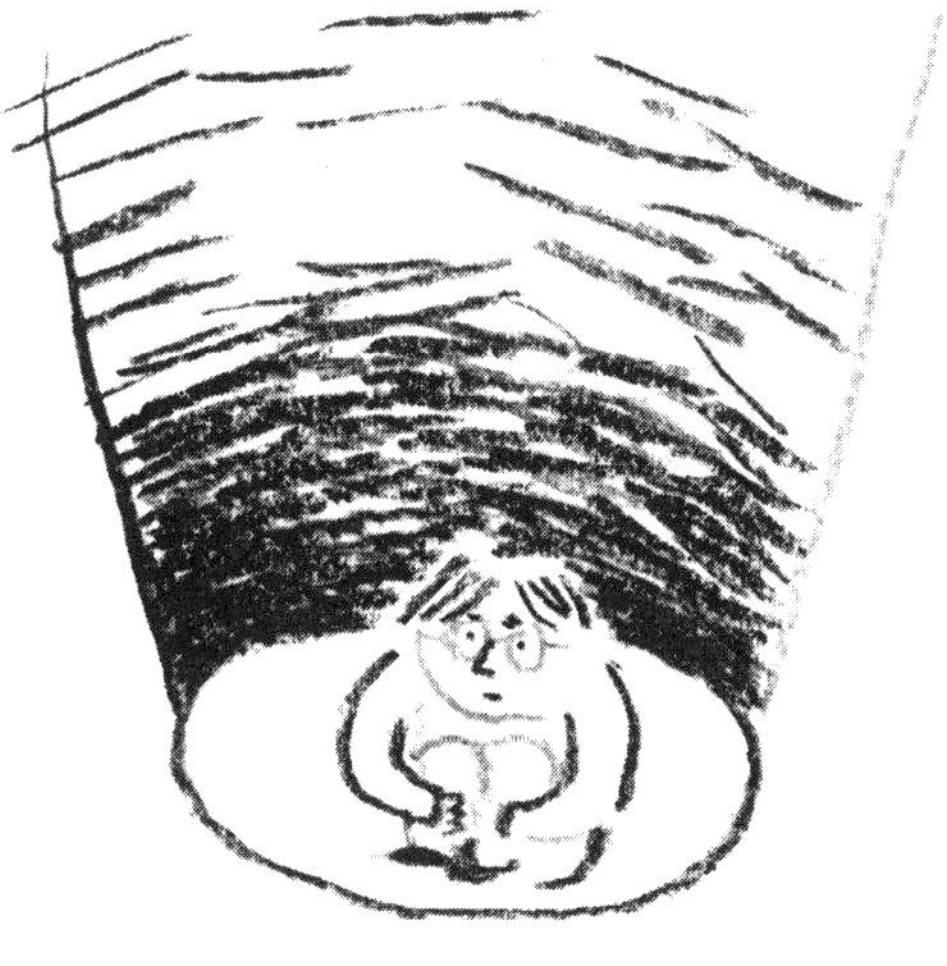

「人生ズンドコ！」って叫べばいい。

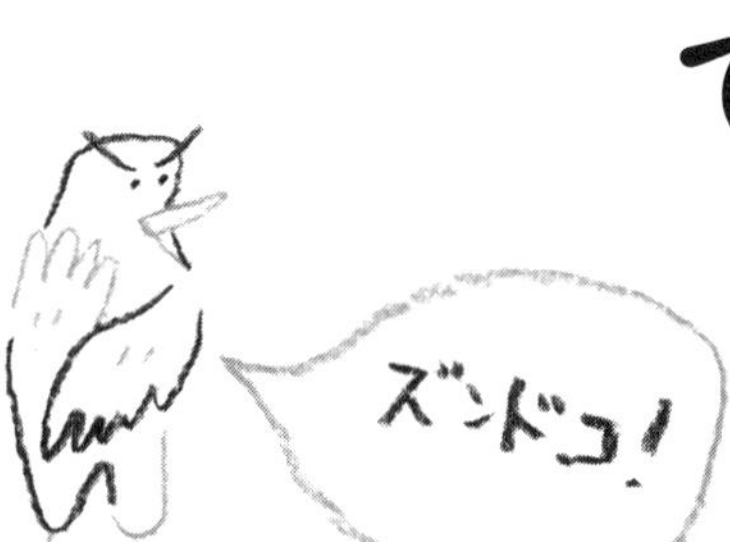

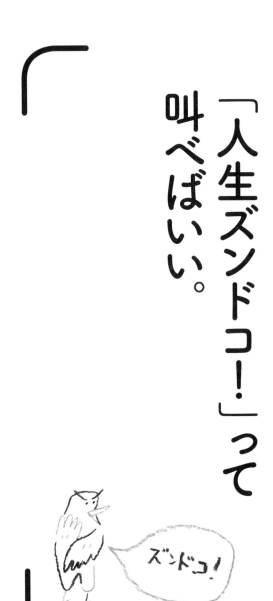

作家の森沢明夫さんのバイリンガルの知人が、あることで悩んでいるときに、ポツリともらした一言。それは……

「もう、人生ズンドコで……」

英語を勉強しすぎたせいか、ドン底の響きを思わず忘れて「ズンドコ」と言ってしまったわけです。

もう一同、大爆笑。みんな明るい気持ちになりました（笑）。

たとえ人生のドン底にいたって、「ズンドコ」って表現するだけで、パッと明るくなるんですね。

試しに、苦しい気持ちに苛まれたときに、ちょっとがんばって、「ズンドコ」って13回言ってみてください。

「ズンドコズンドコズンドコズンドコズンドコズンドコズンドコズンドコズンドコズンドコズンドコズンドコズンドコ」

言ってみました?

ぜひ言ってみてね。これね、すごく元気になってくるんです(笑)。

ちょっと言葉を変えるだけで、こんなにも気持ちは明るくなる。

「**ば**かやろう」を「**ぱ**かやろう」と「ば」を「ぱ」に変えるだけでも、キュートになりますし、**「胃ガンになった」**も、**「胃ポンになった」**と言ってみると、なんだか治りそうな気がしてきませんか?

ぱぴぷぺぽ系の言葉を日常に取り入れると、とたんに印象が変わりますから、ぜひいろいろお試しください。

でも、やっぱり、いま、自分の人生、ドン底。そんな気分のときは？（その2）

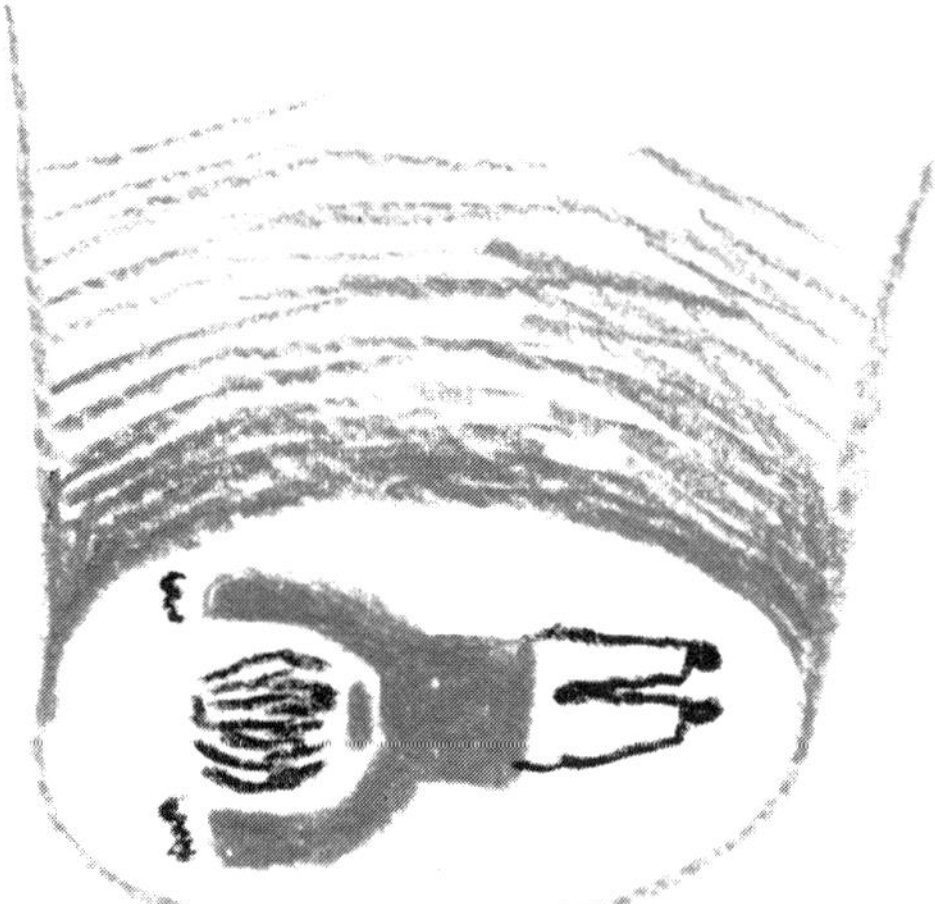

人生の宝物は、
必ずズンドコ、
もとい、
ドン底に落ちている。

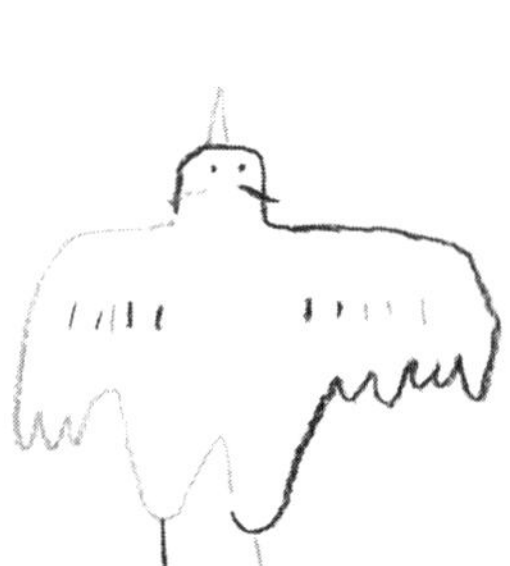

ポール・マッカートニーは、14歳のときにお母さんをガンで亡くし、その悲しみを乗り越えるためにギターの練習にあけくれた。

ジョン・レノンも17歳のときにお母さんを交通事故で亡くし、乗り越えるために音楽にあけくれた。

二人とも、お母さんの死を乗りこえる過程で、音楽性が開花したのです。

そして生まれたのが、ビートルズ。

ポールはジョンのことをこう語っています。

「何年か経っても、幾度かふたりであのときの悲しみに襲われ、一緒に泣いたことがあった」

のちに世界をゆるがすふたりの絆は、このときに結ばれました。

ドン底には必ず希望の種が落ちているのです。

別の例をあげましょう。これはコンサルタントの小田真嘉さんから教えてもらった話です。

海のなかで、昆布がゆらゆらゆれていても、なんで海にダシが出ないのか、わかりますか？

昆布、しいたけ、かつおぶし。ダシが出るものには共通点があります。

それは……

カラッカラに干からびていることです。

一度カラッカラに干からびないと、ダシは出ないんです。

そう、ドン底とは、「自分らしさ」という持ち味が引き出される熟成期間。

人はズンドコで、自分らしさという宝物《ギフト》に出会います。

「ズンドコ」バンザイ！

大切な人が亡くなりました。こんなときは？

人は二度死ぬ。
肉体の死と記憶の死。
あなたの記憶の中に
いる限り、その人は、
まだ生きています。

いつからか僕は、ある場面におちいると、ものすごく恐怖感が出てくることがありました。自分のなかで「この恐怖感はどこから来るんだろう」と、ずっと謎だったのですが、ふと思い出したんです。封印されていた記憶を……。

僕には大好きだった幼稚園の先生がいました。でも、ある日突然、その大好きだった女性の先生が殺されてしまったのです。幼い心にその事件は衝撃的すぎて、自ら記憶を封印していたようです。

でも、その封印した記憶が、去年、突然よみがえった。

小学校のとき、僕は戸締りを何回もしないと、不安で不安で、毎日家中の戸締りを僕がしていたことも思い出しました。さらに、毎日、水滴でくもった窓に、指で「こうふく（幸福）」と書いていたことも。先生が殺されてしまったショックにより、不幸は突然やってくると不安になり、その恐怖を封印するオマジナイとして、窓に「こうふく」と書いていたのでしょう。

だからこそ、僕は、ずっとずっと無意識にも探し続けてきました。

人はどうすれば幸せになれるのだろうか？

人は死んだらどうなるのだろうか？

人はどこから来て、どこへ向うのか?と。

僕はいま、「人はどうすれば幸せに生きられるのか?」ということを伝える仕事をしています。そしてそのことで30冊以上の本をつくらせてもらい、全国に仲間ができました。

この活動ができることに、いま、心からの喜びを感じています。

「なんでこんなことができるようになったんだろう」と考えたときに、気づきました。

それは先生のおかげだった。

そう思った瞬間、涙が溢れました。

先生が僕の心の中で笑ってくれた気がしたから。

そうか。先生はずっと僕のなかで生きてくれていたんだ。僕をこの道に導くために。

先生はずっと僕と一緒だったんです。

僕の天使として、守護霊として、神様として、僕の中で生きています。

先生、ありがとね。

人は肉体を離れたからといって、存在が消えることはないんです。

あなたの記憶の中に生き続ける限り、大切な人は生きている。

いつも、いまここにいて、あなたを優しく包み、見守ってくれています。

「今日は雨で憂うつだな」そう思ったときは？

雨の日は、農家の方が喜んでいることに、思いを馳せよう。

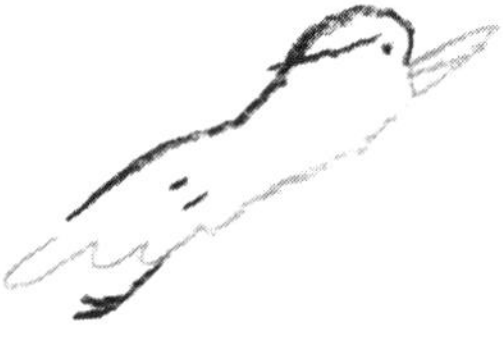

以前、無農薬でお米を育てているある農家さんを訪ねたことがあります。

その農家さんはとても大切にお米を育てていて、寒い日が続いたときなんかは、お湯をたくさん田んぼに持っていき、水面が凍らないように、ずっとあたため続けるそうです。

子どもが熱を出したときに、朝まで寄り添うお母さんのような愛で稲と接しています。

「土の状態はどうかな。水の状態はどうかな。雑草はどうかな」と、いつもお米に気を配っているのです。その方は言いました。

「お米を作るようになって変わったことといえば、雨の日がうれしくなりましたね」


僕たちがふだん、「あー、今日は雨かぁ」なんて思っている日。

でも、その日は、お米にとっても、農家さんにとっても、最高の恵みがもたらされるときなんです。

この話を聞いて以来、雨の日は、あの農家さんの笑顔が浮かびます。


また、別の方に教えてもらった、雨がちょっとうれしくなる話をひとつ。

神社へ行ったときに雨が降り始めたら、それはとてもよい前兆なのだそうです。

神社は女性の生殖器を象徴としています。だから、「お宮」は「子宮」、「参道」は「産道」。産道を通り、子宮（原点）に戻ることで、生まれ変わるという意味が神社にはあります。

雨が降ることは、濡れることを意味するので、神様が喜んでいると解釈するのだそうです。

これで晴れた日は気持ちいいし、雨が降っても喜べますよね。

この世界に、「いい天気」という定義はない。

いい天気にするかどうかは、あなたが決めればいい。

「雨の日には雨の中を
風の日には風の中を」
相田みつを

Take a bird's-eye view of your life

～ネガティブな感情との上手なつき合い方　その①～

そうはいっても、そんなにポジティブには考えられないよ……というあなたへ

自分のネガティブな感情に翻弄されているときは、現実を自由な立場から解釈することなんて、できないものです。

そこで全4回でお届けするこのコーナーでは、ネガティブな感情との上手なつき合い方をお伝えしていきます。

題して、「Take a bird's-eye view of your life」。

空を飛ぶ鳥の目で自分を眺めるように、自分の感情を客観視する具体的な方法を、

これから授けましょう。
まずは、「自分の感情」を「他人」を見るように眺めます。
否定せず、ありのままの感情に寄り添ってあげます。

ついつい私たちは、自分の正直な感情を否定しがちです。
たとえば、ほんとは「嫌い」って思ってるのに、
「嫌いって思ったらいけないんだ。こんなふうに思う自分はダメだ」
と自己否定してしまう。
でも、「あの人、許せない！」と思ったって、全然いいんです。
ムリに嫌いな人を好きになろうとしなくていい。

正直に、感じていることを「いい」「悪い」とジャッジ（判断）せずに、
ちゃんとそのまま受けとめてあげることが、

最初の偉大な1歩です。

「こんな自分はダメだ」と否定すると、心に抵抗が生まれます。海に溺れているときに、すぐに水面に浮上する方法は、余分な力を抜くことです。感情を「いい」「悪い」でジャッジせず、そのまま感じてあげられたら、抵抗が減り、すっと水面に浮上できるんです。

浮いてしまえば、あとは自由。
現実を自由自在に解釈して、あなたが行きたいと思うほうへ行けばいいのです。

【ネガティブな感情とはこうつき合う　STEP1】

嫌な感情が体のどこにあるか感じて、その感情に名前をつけてあげよう。

「嫌な感情」は、自分の中に住む「他人」（ヤンキー生徒）だととらえます。

自分の感情を「他人」だととらえると、客観視しやすくなります。

それに、ヤンキー生徒は認めてもらえないから悪さをするんですが、認めてくれる先生の前では、とてもエネルギッシュないい生徒に変わったりする。感情も一緒です。


怒り、不安、恐れ、嫉妬などのネガティブな嫌な感情は、あっていいんです。

ただ、その感情の居場所をつくってあげればいいだけ。

では具体的にどうするか。感情が存在する部位を特定して、名前をつけてあげます。

感情は体の感覚としてリンクしているので、まずは、「この嫌な感情は、体のどこで感じているだろう?」と自分に問うてみます。

◎責任を負いすぎていることからくる苦しみは「肩の荷が重い」と言われるように肩にあらわれることが多い
◎言いたいことが言えずに感情を抑圧しているときはのどに
◎「胸にぽっかり穴があく」というように、愛情の欠乏や孤独感や自己嫌悪は胸に
◎やりたくないことを我慢しているストレスは胃に(胃に穴があくというように)
◎不安や恐怖や怒りは下腹にある場合が多い

体の部位を特定できたら、次に、そこに、かわいい名前をつけてあげます。

これにより、感情と自分を切り離し、より客観的に感情と接することができるようになります。

たとえば、ある人から批判されて、モヤモヤしていたときに、僕がどうしたか。

まず、モヤモヤを感じている部位を特定します。そのときは下腹にあるように感じたんで、その下腹のモヤモヤ感に「パピーちゃん」という名前をつけてあげました。

そして仲のいい友だちに寄り添うように、パピーちゃんを感じてあげるんです。

そのときは3分くらい感じていたら、ふっとモヤモヤした感じがあったかくなったのを感じました。

嫌な感情は否定せずに
よりそってあげると、
ポッとあたたかくなるのです。

これは、不思議なんですが、ぜひ試してみてください。
モヤモヤした部分に、手で「よしよし」をしてあげるのも、とってもいいです。

【ネガティブな感情とはこうつき合う　STEP2】

嫌な感情に口があるとしたら、なんて言ってるのか、言い分を聞いてあげる。

STEP1で、体の部位を特定して名前をつけて寄り添ってあげたら、STEP2は感情の言い分（本音）を全部聞いてあげることです。

僕の場合は嫌な感情に「パピーちゃん」と名づけたわけですが、

「パピーちゃんに口があるとしたら、なんて言ってるんだろう？」

とパピーちゃんの言い分を全部聞いてあげるんです。

「パピーちゃん、そんなに怒ってるのはなんのせいなのかな？」

「なにがあなたをそんなに怖がらせてるのかな？」

「なにもかも大丈夫になったらどうなりたい？」

などと全面的にパピーちゃんの感じていることを聞いてあげるのです。

　感情をわかってあげると、「ほんとは大切にされたかっただけなんだ」とか「こん

なことしたいんだ」などと、心の深いところにある「思い」が引き出されてきます。
それをありのままに認めてあげると、感情というエネルギーが今度はあなたの味方になってくれるのです。

感情だってあなたを苦しめたいわけじゃないんです。
ただね、認めてほしかったんだよ。

（感情のことに関しては、僕は心理療法家の矢野惣一先生やスズキケンジ先生から学ばせていただきました。さらに深めたい方に、とてもおすすめです）

第2章

「イライラ」のとき

結婚生活○年。夫婦ゲンカが絶えない。もう疲れた。こんなときは?

16

ズバリ、あきらめてください^^

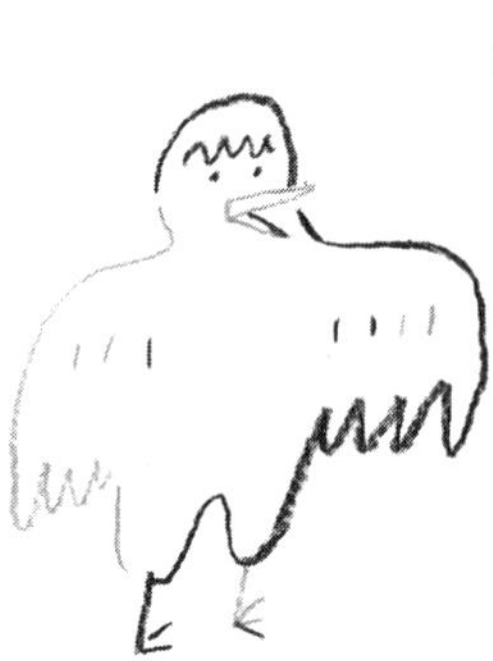

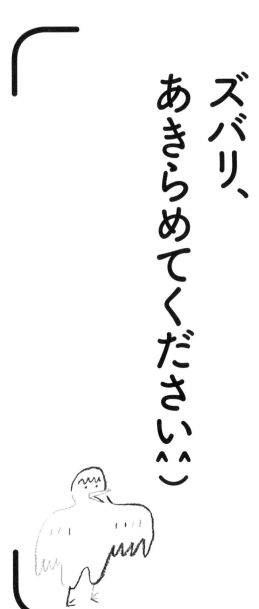

先日、ある会社に伺ったら、こんな貼り紙がしてありました。

「いい家内　10年経ったら　おっ家内」

思わず激しくうなずいてました（笑）。

友人の例でお伝えしましょう。僕の友人は、奥様と、もう10年以上も毎月大ゲンカをし続けていた。でも、あるときを境に、急にケンカをしなくなり、家にいても居心地がよくなったのだとか。友人は不思議に思って、奥様に聞いてみました。

「最近、すごく家の居心地がいいんだけど、なにかあったの？」

すると、奥様は言いました。

「あなたには期待しないことにしたの」

どこかに行こうと約束しても、彼は二日酔いで行けなくなることはしょっちゅう。そのたびにケンカになっていた。でも、あるときから奥様は、彼に期待しないことにした。いまは出かけようと言っているけれど、その日になってみないとわからない。そう考えるようにした。すると、奥様はイライラしなくなったそうです。

そんな奥様を見て、彼も心を入れ替えました。たとえば昔だったら、夜中におなかがすいたときは、奥様に「なにか夜食つくって」と頼んでいたのが、いまは自分でラーメンをつくり、自分で食器を洗うようになった。

自分でできることは相手に期待しない。すると、ふたりの仲が良くなり、なんとこのたび、４人目の子どもが生まれました。わーーーー。

相手に期待しないって素晴らしい！（笑）

「あきらめる」のそもそもの意味は、「ものの道理をしっかりとらえ、原因、結果を明らかにすること」。

つまり、あきらめるとは、明らかに眺めることをいうのです。何度言ってもできないことは、「この人はこういう人だ」と明らかに見てあげればいい。

そのうえで、相手の短所ではなく、長所とつき合っていく。

相手を変えようとしていたときはケンカばかり続いていた。でも、相手を変えようとするのではなく、相手をそのまま受け入れたら、ふたりの関係が変わったのです。

関係性というのは、「私」と「あなた」で作るもの。

だから、まず自分が変われば、関係性は一瞬で変わるのです。

口うるさい親や先生にうんざり。いったいどうしたらいいの？

うんざりすることが、あなたの「根っこ」を伸ばしてくれる。

誕生日から自分の個性を割り出すという数秘術のセミナーに参加したことがあります。

それによると、僕は「こどもの星」だそうで、「こどものような好奇心と行動力で、知識の幅を広げていく人」と分析されました。

こどもなので、ドロドロした人間関係は苦手ですぐに逃げ出す。退屈な時間を過ごすのも死ぬほど苦手。そして、ダメ出しに弱い。でも、その分、ほめられたらどこまでも上り続けるタイプだとか。めちゃめちゃ当たっています！

というわけでみなさん、遠慮なく僕をほめてくださいね（笑）。


続いて次のことを言われたときに、僕は涙が出た。

「こどもの星の人は、魂はこどものまんまなので、こどものような好奇心と行動力で、知識の幅を広げていきますが、『くりかえし反復する力』と『持続力』と『忍耐力』の3つがまったくありません。1どころか0です。まったくありません」


どうしてこの話を聞いたときに涙が出たのか？

それは、この3つは僕の超得意分野だったからです。

だからブログやメルマガも、2000日間毎日書き続けてこれました。

子どものころ、僕はお父さんが嫌いでした。すごく厳しくて「勉強しろ」って毎日のように言われたからです。父がうるさかったから、僕は中学のときには、休日に家で8時間も勉強していました。大学時代は、「友だちとも遊ばず、勉強ばかりしてたから僕は性格が暗くなった。だから彼女もできないんだ」と父親を恨んでいたときもあります。

でもそのおかげで、僕は、くりかえし反復する力と持続力と忍耐力がハンパなくついた。だって大嫌いな勉強ですら1日8時間もできたんです。大好きなことなら、もういくらでもできる集中力がつきました。

僕の最大の欠点をとおちゃんが小さいころから修正してくれていたんです。

とおちゃん、涙が出るほど、うれしいよ。

僕がいま幸せなのは、とおちゃんのおかげだったんです。

「晴れの日は葉が伸びる。雨の日は根が伸びる」

コンサルタントの福島正伸先生の言葉です。

うんざりすることが、あなたの根っこを大きく伸ばしてくれているのです。

近くにいる人が
ため息をついたり、
「しんどい」「疲れた」
「めんどくさい」
などのネガティブワードが
口癖だったりして、
疲れる。

18

この人は、
しんどがるのが
「趣味」なんだと、
気にしない。

いい・悪いで考えると悪人が生まれます。そこに裁きが生まれます。

そして、究極、戦争になります。

でも「趣味」「好み」だと思ったら、ただの趣味の違いになります。

オーケストラが好きなのか、ロックが好きなのか、演歌が好きなのか。はたまたカレーは辛口が好きか、甘口が好きか（ひすいはカレーは断然甘口派です）。

それくらいの違いとして認識しておけば、ケンカになりません。

いい・悪いでジャッジせず、すべては「趣味の違い」と考えてみてください。

「芸風の違い」ととらえてもOK！（笑）

すると、人に対して優しくなれます。

また、こんなふうに考えることもできます。

「疲れた」「辛い」「めんどくさい」「嫌だ」「嫌い」「やりたくない」「でも……」などのネ

ガティブワードを吐く人たちを小学1年生としましょう。

「うれしい」「楽しい」「ありがとう」「大好き」「ツイてる」「愛してます」などのポジティブワードが口癖になっている人を小学校6年生とします。

1年生には1年生ならではの体験があるし、6年生には6年生の体験があります。

ネガティブワードが口癖の人たちは、いま、そういう時期なのです。それがいつまでも続くわけではない。

また、あなたはあなたで、そういう人がいるなかでも影響を受けず、自分は明るく過ごせるのか。それが試される時期にいます。

「いまはそういう時期」という見方をすることも、覚えておいてくださいね。


ラブ&ピースは、いい・悪いとジャッジしないところから始まります。

他人を裁かない＝自分を裁かない、ということです。

内側を裁かなくなったとき、外側の世界からも戦争はなくなっていることでしょう。

19

いつも時間が足りない。どうしたらいい？

ほんとうは、
やらなければいけない
ことは、なにもない。

「ほんとうは、やらなければいけないことはなにもない」

そう三度、声に出してみてください。

余分な肩の力が抜けるはずです。

ふ〜。

はい、抜けた。

本来、やらなければいけないことはなにもないんです。

だって死ぬときは、僕らは得たものをすべて手放して、死んでいくんです。

裸で生まれて、なに一つ持たずにあの世に行く。

それなのに、やらなければいけないことなどあるわけがない。

絶対に得なければいけないものもないのです。

「やらなければいけないことはなにもない」という考えの前提にあるのは、

「自分はそれほどにパーフェクトな存在だ」

という認識です。

なにかを「やる」前に、
パーフェクトで「ある」ことです。

そのゆとりの中に人間の底力は宿っています。
いのちはゆとりのなかでこそ、芽吹きます。

花が美しいことに、風が清々しいことに、水が澄んでいることに根拠はいらないように、
あなたが素晴らしいことにも根拠はいらない。

いつか素晴らしくなるんじゃない。
いま、この瞬間に素晴らしいんだ。

うちの会社は、
なんだか嫌な人ばかり
いる気がする……。
どうしたらいい？

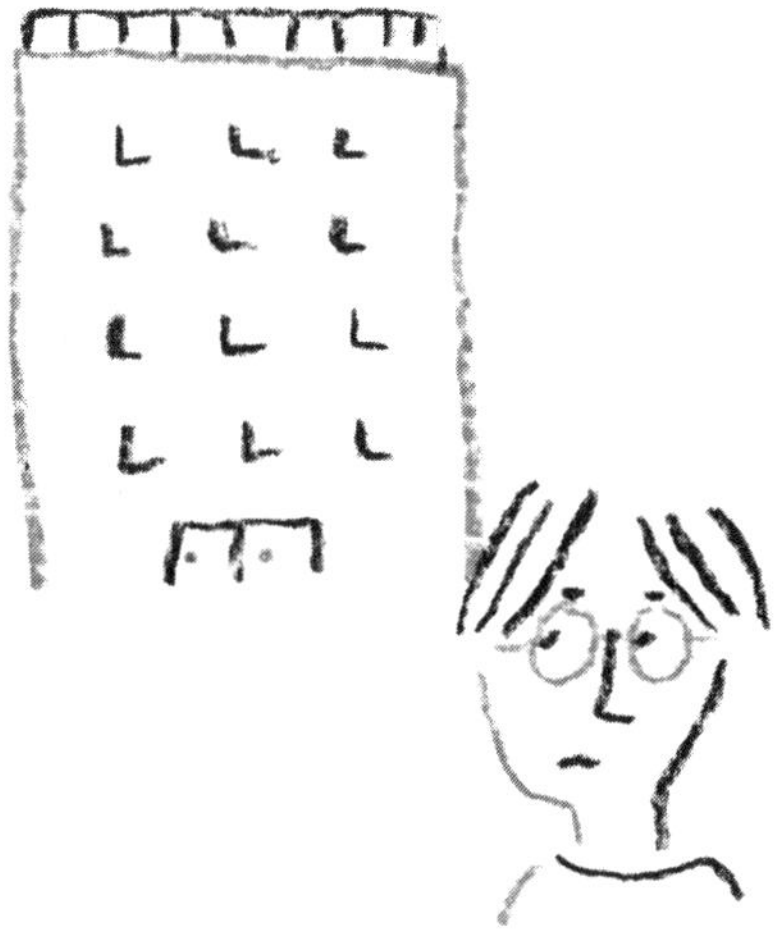

すべてがあなたに
ちょうどいい。

お釈迦さまが、弟子に語った言葉があります。
仏典の『大蔵経』に記されている言葉です。その言葉を、あなたに贈ります。

「すべてがあなたにちょうどいい。
いまのあなたに、いまの夫がちょうどいい。
いまのあなたに、いまの妻がちょうどいい。
いまのあなたに、いまの子どもがちょうどいい。
いまのあなたに、いまの親がちょうどいい。
いまのあなたに、いまの兄弟がちょうどいい。
いまのあなたに、いまの友人がちょうどいい。
いまのあなたに、いまの仕事がちょうどいい。
死ぬ日もあなたにちょうどいい。
すべてがあなたにちょうどいい」

いま目の前にいる人、あなたの環境、起きる出来事、そのすべては、いまのあなたにちょうどいい、必要なことが起きているというのです。

「そうはいうけど、これは絶対アイツが悪い！　嫌いだ！」

そう思うときだって、ありますよね？

僕もよく「これは妻が悪い！」って思うことがありますので、よくわかります（笑）。

でも、「あの人が悪い、あの人は嫌な人だ」となにかのせいにしている限り、自分自身は変えなくていいのですから、いわば安全圏にいるということになります。

それでいいのでしょうか。

僕らは、自分を成長させるために生まれてきています。

人のせいにするために生まれてきたわけじゃないんです。

だったら、なにが起きてもそれをバネにして、自分を変え続けていけばいい。

外側で起きることをバネにして、内側の自分の心を変える。それこそ僕らが生まれてきた意味です。

それに、このお釈迦さまの言葉、逆にいえば、いまのあなたが変われば、すぐにそのあなたにちょうどいいことが起きるということです。

言うことを聞かない
子どもにムカっときて、
キーッとなってしまう。

子どもは親を助けるために、天国からハーハー走ってきてくれた「天使」だと思ってみる。

僕は、子育ての雑誌で連載を持っているのですが、その連載から子どもたちの名言を集めて、『子どもはみんな天才だ！』（ＰＨＰ研究所）という本を作らせていただきました。子どもたちの名言のなかでも、とくに多かったのが、生まれてくる前の記憶を持つ子どもたちの言葉。

みんな一様に「ママを助けるために生まれてきた」って言うんです。

友人のお子さんも、こんなことを言っていたそうです。

「さらちゃんはね〜。ママを助けるために生まれてきたんだよ。天国でね〜。みんな並んでいたんだけど、走って追い抜いて、急いで来たんだよ」

子どもはママを助けるために、がんばって走って、追い抜いて来てくれたと思ったら、「ちょっとは優しくしなきゃ」と思えませんか？

こんなことを言うと、なんだか僕がいい人であるかのように勘違いされてしまうんですが、実は、僕は自分の子どもたちに一度もイラッとしたことがないんです。

長女が生まれて15年間、息子が生まれて13年間、一度もない。

僕が、子どもはカミサマだと思ってるからだと思います。

子どもに対しては、明石家さんまさんの言葉「生きてるだけで丸儲け」という気持ちだけ。

「僕のところに来てくれてありがとう」

その気持ちしかない。

だからといって、子どもを叱らないわけではありません。

ただ、相手をカミサマだと思って注意します。決して怒鳴りません。

妻に対しても、カミサマだと思うようにしています。

子どもよりも、ちょっと難しいですけどね。

いや、かなり難しいかな（笑）。

「くしゃみがデカ過ぎてムカッとくる！」と妻に言われた……。

妻をいま人気の
星野リゾートに誘い、
「これまで我慢してくれて
ありがとね」と、
ねぎらうときが来た。

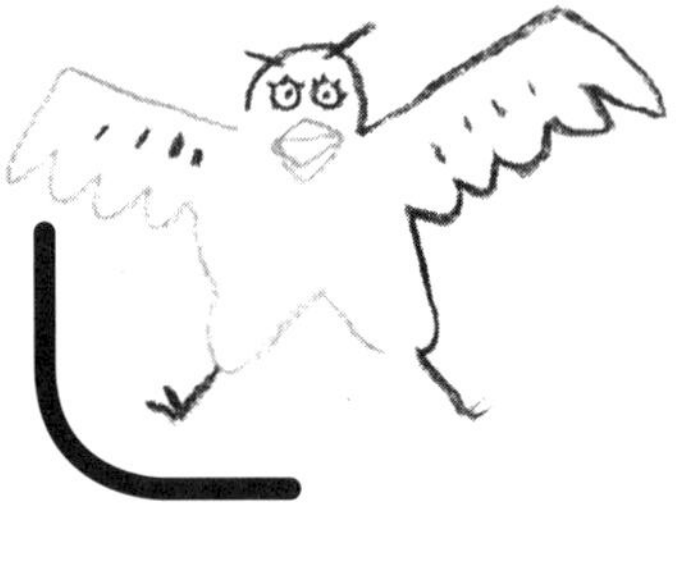

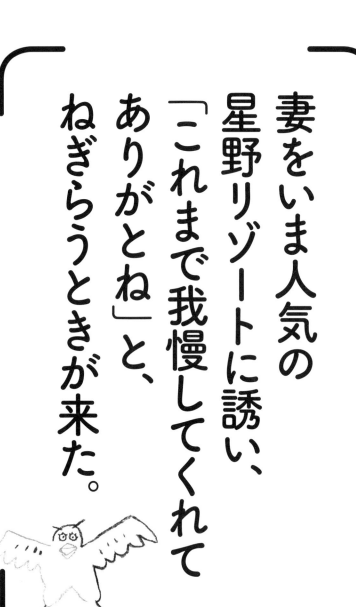

奥様に「くしゃみがデカすぎてムカッとくる」と言われたら、それは、「いま大人気のお宿で、全国に展開する星野リゾートに、妻と一緒に泊りに行くときがきた！」と、とらえることです。

なぜなら、奥様があなたのくしゃみにムカッときたということ……それは、くしゃみだけの問題ではないからです。

なぜなら、あなたのくしゃみは、つき合った当初からデカかったはずですから（笑）。

でも、そのころは、奥様は気にならなかったんです。

水は100度にならないと沸騰しないように、80度、90度までは、奥様はあなたを許してくれていたのです。

しかし、これまでの我慢の積み重ねで、奥様の限界である100度を超えてしまった。

そこが問題なわけです。100度を超えてしまった僕が言うんだから、間違いありません（笑）。

この状況になったら、まずはいったん自分の言いたいことを手放して、心をこめて相手と向き合い、相手の感じている不満に、誠心誠意、耳を傾ける以外に道は残されていません。

相手が１００％正しいと仮定して、傾聴するのです。

Dead or alive？

道はそれしか残されていません（笑）。

今日まで、よくぞ99度まで我慢してくれたと、妻を抱きしめて感謝するときなのです。

23

ポジティブな言葉なんか
言いたくない。
どうしてもグチを言いたい！
こんなときは？

グチを言ったあとに、「いい意味で」と加えてみよう。

グチを言いたくなったときは、遠慮なく言ってください。

ただし、グチを言ったあとに、「いい意味で」と加えてください。

これで、深刻になっている自分を笑い飛ばすことができます。ふっと心にスペースが広がります。

おまけに、みんなの笑いもとれるため、場が和みます。たとえばこんなふうに使います。


「なんかイラつく。**いい意味で！**」

「アイツだけは許せない。**いい意味で！**」

「これ、まずくない？　**いい意味で！**」

「あの上司ほんとおかしい！　**いい意味で！**」

「ちょと太ちゃったかも。**いい意味で！**」

「会社、クビになっちゃった。**いい意味で！**」

これでグチを言うたびに笑いがとれます。
グチを明るい口調で言ったり、オペラ風に言うのもいい。
グチだって毒舌だって、笑いをとれれば、それは立派なエンターテイメントです。

24

部下がまったく思い通りに動いてくれない。どうしたらいい？

その前に、
自分のことも思い通りに
動かせませんよね？

あなたは、自分を思い通りにできていますか？

「5キロやせたい」と思ったら1ヵ月でやせられて、部屋もいつもきれいに整えておけて、やらなければいけないことにも、いつもすぐにとりかかることができますか？

難しいですよね？　僕もムリ（笑）。


人は自分すら思い通りにできない。ましてや他人を思い通りにできるわけがない。

だから思い通りに動いてくれないことに不満を持つのではなく、思い通りに動いてくれることこそ奇跡としてとらえて、日々感謝することが先。


人は自分に文句を言う人のために、なにかやってあげたいとは思わない。

自分を大切にしてくれない人のために、なにかやってあげたいとも思わない。

でも、自分に対して感謝の念を抱いてくれている人のためなら、なんとかして力になってあげたいと思うのが人です。

人は、自分に感謝の気持ちを持ってくれる人にこそ、ついていきたいと思うもの。

上司の一番大切な仕事は、部下に感謝することです。

成長とは、大きくなることではなく、
小さなことに感謝できるようになること！
だからって、ここだけフォント小さくしなくてもよかったよね（笑）。

私は正しい。
あの人が間違っている。
そう確信があるとき。

100%
相手もそう思っています。

「お金があったら幸せ」

これって誰にとっても真実だと思いますか？

世の中にはお金があっても不幸だという人は、たくさんいます。過去には1億円が捨てられていた事件だってありました。お金を捨てたい人だってこの世には存在するんです。


では、健康で長生きできたら幸せ。

これは真実だと思いますか？

いや、違います。

世の中には「早く死にたい」って思っている人だっています。


このように、１００％誰にでも当てはまる真実は、この世にありません。

ただひとつをのぞいて。


実は、誰にでも当てはまる真実がひとつだけあるのです。

それは「自分は正しい」と思っていることです。

これは、みなが100%そう思っています。

自殺をする人だって、「この状況では、こういう選択をするしかない、自分は正しい」と思っています。

みなが「自分は正しい」と思っているからこそ、人類の歴史から一度だって戦争がなくなったことがないんです。

相手が間違っていると思うとき、相手もあなたをそう思っていることに、まず気づきましょう。

それが偉大な第一歩です。

そのうえで、次のステップは相手の立場に立ってみること。

それは次の話をお読みください。

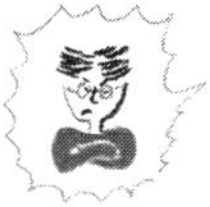

職場に嫌な上司がいて毎日仕事に行くのが憂うつ、イライラ。いったい、どうしたら？

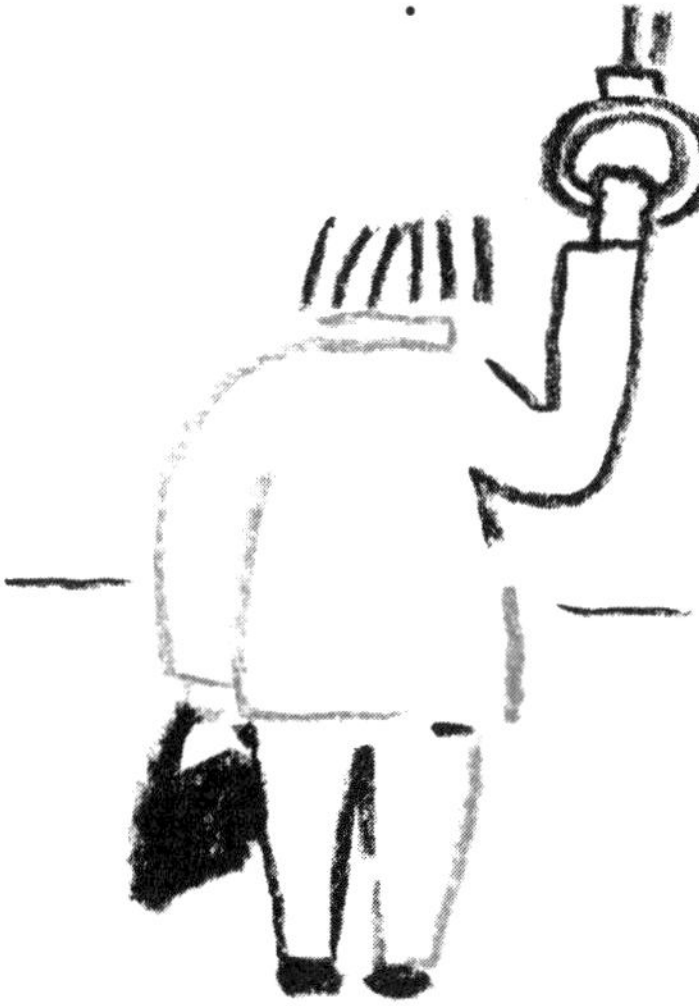

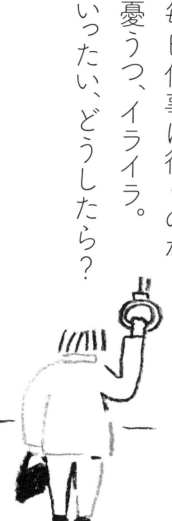

相手も正しい。
一度そう考えてみよう。

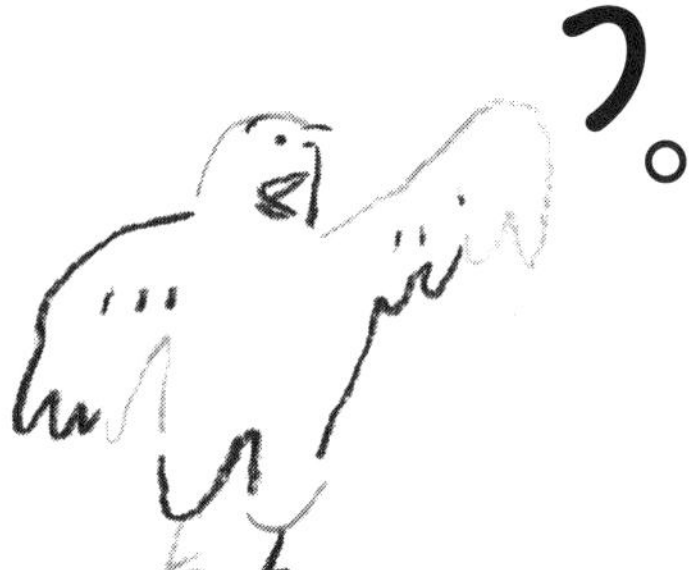

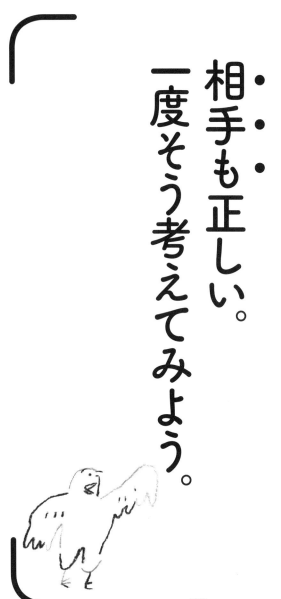

ふたりの小さな子どもたちが、電車の中で大声を出しながら騒ぎ、走り回っていた。

その騒ぎに、他の乗客たちは顔をしかめています。

しかし、そのお父さんは、子どもたちを注意することなく窓の外を眺めている……。

ベストセラー『7つの習慣』の著者であるコヴィー博士が、電車で、そんな光景を目にしました。コヴィー博士はそのお父さんに近づき、「子どもたちが騒いでいるので注意してほしい」と伝えました。

するとお父さんは、ハッとして顔を上げ、「あ、すいません。そうですね。注意しないといけないですね」とたいへん申し訳なさそうに謝ったそうです。そしてお父さんはこう続けた。


「すいません。ちゃんとしないといけないのですが……。

実は今日、妻が亡くなったばかりで、これから子どもたちに、どのように君たちのお母さんがいなくなったことを伝えればいいか、ちょっと思案していたものでしたから……」


この言葉を聞いた瞬間、コヴィー博士にパラダイムシフトが起きた。

人生に対して目がひらかれる思いがしたそうです。

どんな相手にも、そうならざるをえなかった状況がある。

嫌いな上司にだって、そうならざるをえなかった過去があるのです。
一度、完全に相手の立場に立とうと思って話を聞いてみてください。
相手の弁護士になったつもりで。
すると、世界はまったく新しく見えてきます。
相手の立場から世界を見ようと心がけること。それが優しさです。

たとえばうちのカミさんは、ものすごくきれい好きで、すぐ汚してしまう僕は毎日叱られています。でもカミさんは子どものころ、汚れていてもみながあまり気にしない家庭で育ったので、自分がきれいにしなければと思って生きてきたのでした。
つまり、きれい好きは彼女の愛ゆえに生まれた性格なんです。

100%相手の立場に立って考えてみて、それでも相手が悪いと思えたら?
そのときは、相手に渾身の右ストレートを繰り出してください。自己責任で(笑)。

おなかがすくとイライラする！こんなときは？

27

第2章　「イライラ」のとき

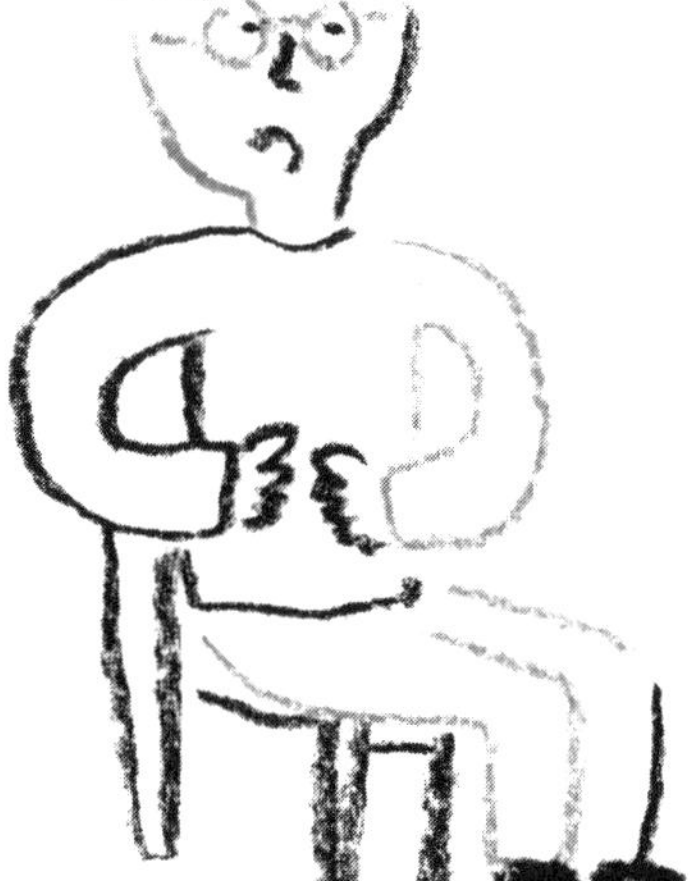

"Hunger is
the best sauce"
空腹は
最高のスパイス
（西洋のことわざ）

学生のころに、僕はある武道を習っていました。そこですすめられて、1週間の断食を実践しことがあります。

断食をすると、すべての感覚が鋭くなります。実際、その武道の創始者は、断食中に、家でふと視線を感じてふり返ったらネズミが見ていたといいます。そのエピソードを聞いた僕は、「マジ!?」と好奇心に火がつき、1週間、水だけの断食に挑戦してみたのです。

（みなさんは、急にまねしないでくださいね。断食は危険性もあるので、正しい指導のもと行ってください）

チャレンジして2日目には、早くも駅の階段を上るのさえきつくなってきました。でも、4日目あたりから慣れ始め、少しラクになります。ただ、そもそも、僕の家にはネズミがいなかったので、ネズミの視線には気づかずじまいでした（笑）。

この1週間の断食で、なにに一番感動したかというと、断食後の食事です。

1週間の断食後に初めて食べたおかゆ1杯に梅干しひとつ。

これが僕の人生史上、もっとも美味しかった食事になります。

人生ベストワンです。いまだにあのときの感動を超える食事に出会ったことはない。数万円するコース料理だって、このときのおかゆには勝てません。

一口おかゆを口に入れるやいなや、お米のうまみが全身を駆け巡りました。思わず、「ふ〜〜〜〜〜〜〜〜〜〜〜〜うまい」ってため息がもれたほど。空腹は、食べるものをおいしくさせる、幸せの前半分なんです。

あの木村拓哉さんも、雑誌のインタビューで「間食はしない」と言っていました。食事をおいしく味わいたいからだそうです。

しっかり空腹の状態をつくってからごはんを食べると、それだけで、「しあわせ〜」って毎日実感できます。

「空腹」は「幸福」である！

何度もダイエットに挑戦しているのに、まったく成功しない。どうしたらいいの？

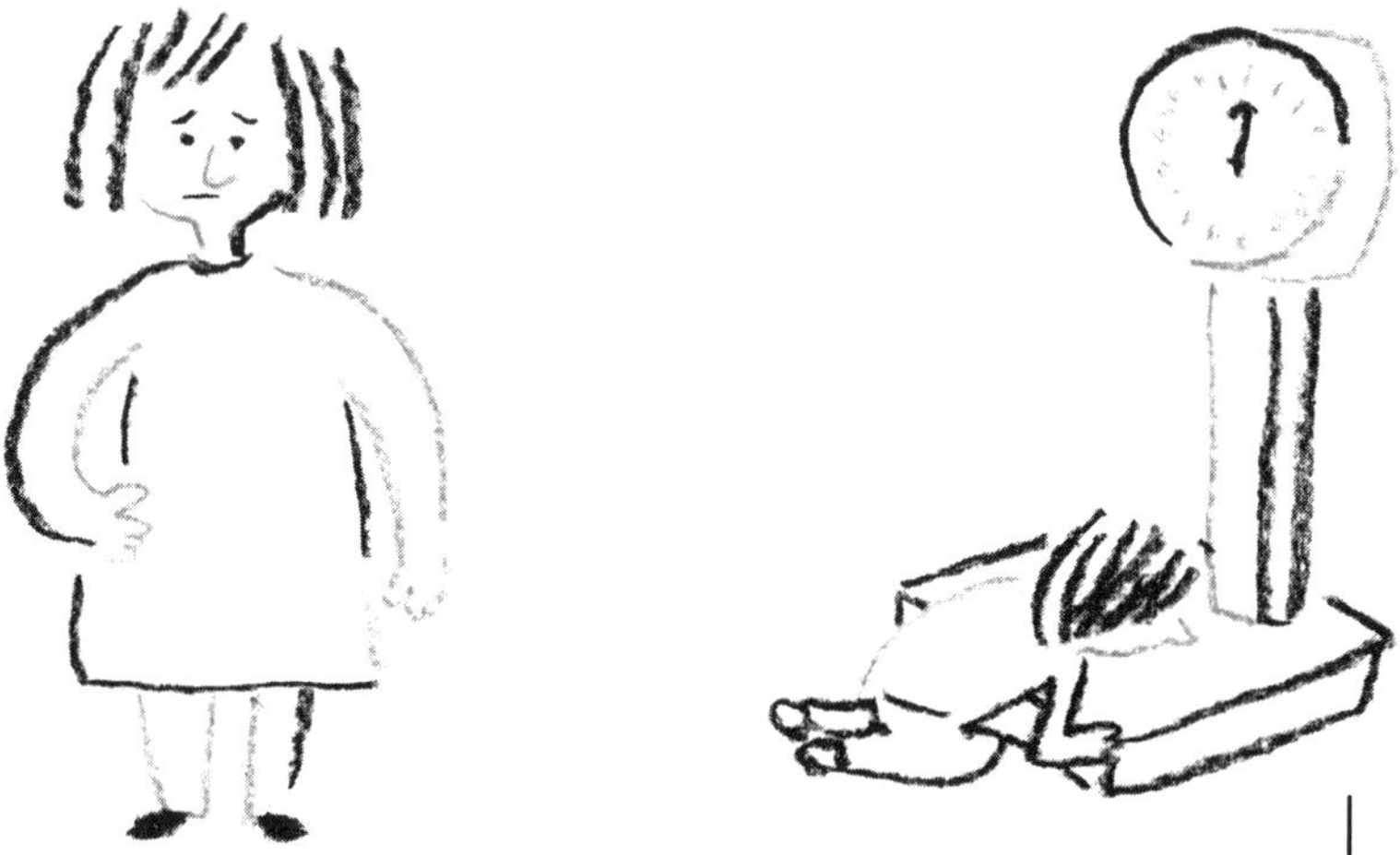

あなたに足りないのは、
根性ではなく、
ごほうび。

「1ヵ月で3キロやせたら1億円あげます」

と言われたら、絶対にやり遂げる自信がありますよね？

人はめちゃめちゃワクワクしたら、どんな不落の城をも突破できる生き物です。

だから何度も失敗するということは、根性や才能がないわけではなく、「ワクワクが足りないんだ」と解釈してみてください。


たとえば、ダイエットに成功したら、「南の島に旅に行く」というごほうびを、自分に与えるのです。そして南の島に着ていくワンサイズ小さい素敵な服や水着を、もう買っちゃう。やせないと着られない服を2、3着先に買って、部屋に飾っておくのです。


ダイエットに成功したら、なにする？

それから？

その先はどんないいことが待ってる？

その先は？

ダイエットが成功した暁には、どんなうれしい未来が待っているのか、想像して、思いつくかぎり全部ノートに書き出してみてください。


これは、部屋をなかなかきれいにできないという悩みをも解決できる方法です。

部屋を1年間きれいにしていたら1億円あげると言われたら、必ずやり遂げますよね？

ワクワクしたら必ず成し遂げてしまうのが人間です。だから部屋をきれいにすることでどんないいことがあるのか、ワクワクしてくるまで書き出してみる。


あなたは根性が足りないわけじゃない。

ただ、ワクワクのスイッチを押していないだけなのです。

いい出会いがまったくない！
いったい、素敵な人は
この世のどこにいるのか

いない人に
目を向けるのではなく、
半径3メートル以内の人に
目を向けよう。

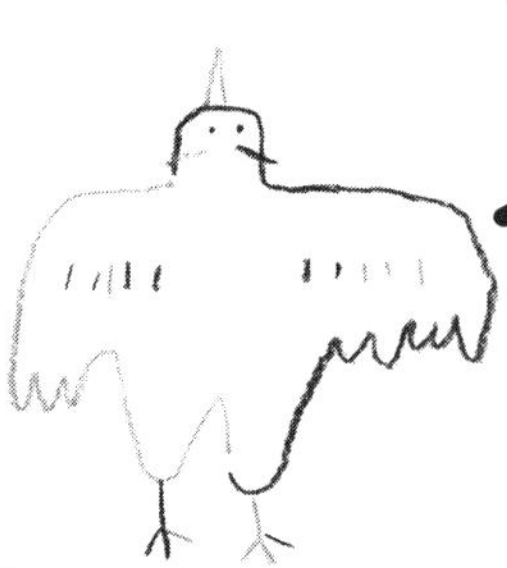

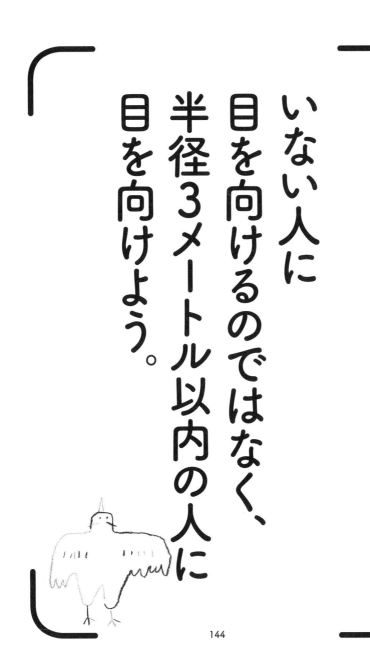

出会いがないと嘆く人は、ないところばかりに目を向けているものです。

カリスマ結婚コンサルタントとして、多くのカップルを生み出してきた白駒妃登美《しらこまひとみ》さんはこう言っています。

「素敵なご縁に恵まれない人の共通点は、素敵な人の前だけで、いい顔をすること」

このとき一緒に聞いていた、なかなか結婚できない僕の友人は激しくうなずいてました。心当たりがあったようです（笑）。白駒さんは言いました。

「才能やお金は、持っている人もいれば、持っていない人もいます。でも、ご縁は誰もが持っています。だから、誰があなたに素敵な人を紹介してくれるかわからないんです。いま周りにいる人たちをちゃんと大切にすることが、新しいご縁を広げていく秘訣」

一方、僕がものの見方を教わった心理学博士の小林正観先生は、たとえば弁護士や税理士などの専門家を探したいときや、恋人がほしいときには、仲のいい友人10人に声をかけて頼んでみることを推奨されていました。

いい人の周りにはいい人がいる。だからいい出会いを果たせるのだそう。


つまり、常日頃から人間関係を大切にしていれば、何事も困らないというわけ。


いまない出会いは、いまある出会いの中からつながります。

だからいつだって大事なのは、いま目の前にいる人なのです。

天下のキムタクを射止めた工藤静香さんは、仲間でサーフィンに行くときに、みんなの分のおにぎりを作っていくような人だそうです。

みんなを大切にする人には、キムタクだって惚れるんです！

30

トイレ掃除が大キライ。やんなきゃダメ？

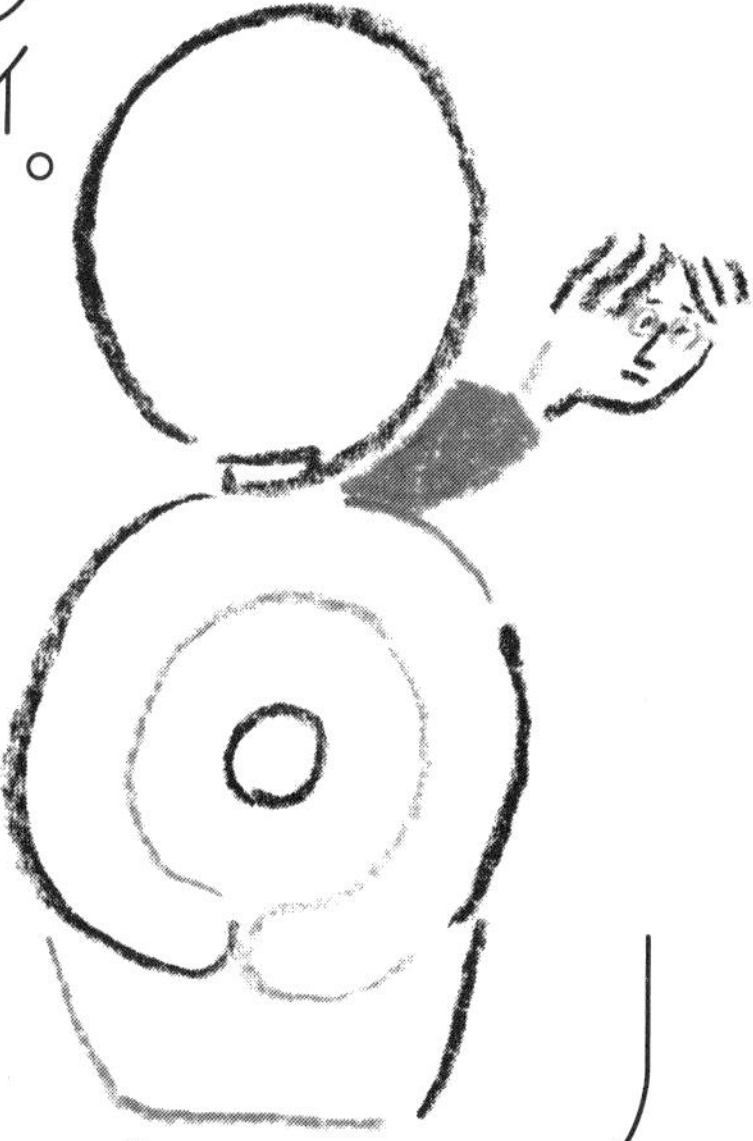

水回りは金回り。
トイレをピカピカに磨くと、
預金が増えていく。

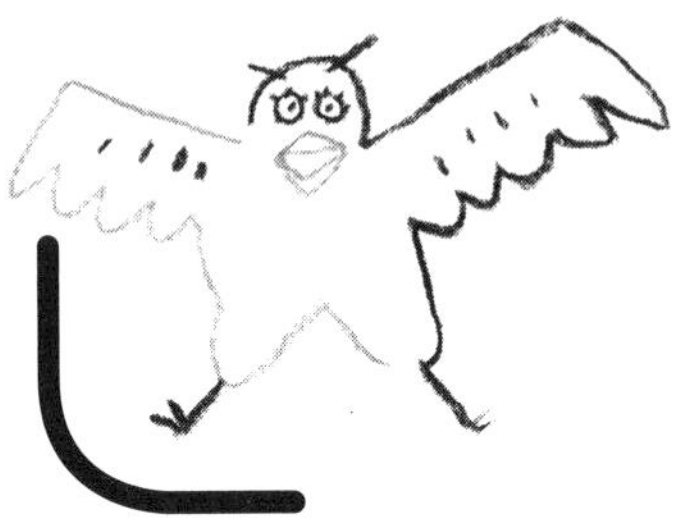

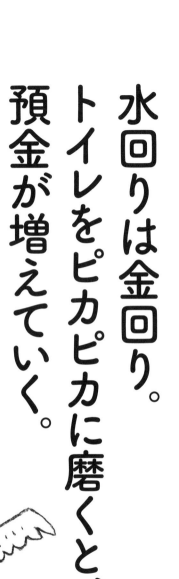

「どうして事件の起きる家はこうも水回りが汚れているのだろう?」

これは、警察官たちの間で、ひそかに噂されている話です。

事件が起きる家というのは、洗面所、お風呂、トイレなどの水回りが汚れていることが、圧倒的に多いからだとか。

実際水回りは、風水でも「めぐり」の象徴とされています。

血液のめぐり、お金のめぐりを反映するのが水回り。

水回りをきれいにすることは、血液やお金のめぐりを良くすることなのです。

巷では、トイレをきれいにすると臨時収入があるとも、言われています。

水回りには微生物が集まりますから、そこが汚いと悪い微生物が集まる。それも、なにか関係があるのかもしれません。

とくに女性は家と共鳴していることが多いので、家の排水パイプの中をきれいにすると、体調が良くなるとも言われています。(男性の場合は車と共鳴している場合が多いので、合わせて車もきれいにしておきましょう)

自分の状態が家に反映されています。

そのように考えると、家もトイレも思い切りそうじしたくなりませんか？
部屋を整えることは自分自身を整えることになるのです。

ちなみに、「稼ぎ頭」と呼ばれ、400人のタクシー・ドライバーのなかでトップクラスの売り上げを誇るドライバーさんから聞いたお話です。「どんなに車が汚れていても窓だけはきれいにする」と言っていました。窓のきれいさと売り上げは比例するそう。

風も運も窓から入ってくるんだ！

レジに並ぶと、必ず遅いほうのレジに当たる。これ、どうにかならないの？

これは、言わば
宇宙の法則なので、
あきらめる。

人生を幸福に生きるために絶対に知っておかなければいけない法則は、そう多くはありません。

しかし、今回お伝えする法則は、あなたの人生に決定的に影響を及ぼす重要な法則になることは間違いありません。

この法則は**「エトーレの法則」**と名づけられています。

アメリカ、ニューヨークに住むバーバラ・エトーレが発見し、1974年に「ハーパーズ」誌に手紙を送ったことで、この偉大な法則が話題になりました。

しかし、日本では残念ながら、「エトーレの法則」はあまり知られていません。

この発見はレジだけでなくすべてのことに当てはまります。銀行でも、スーパーでも、税関だろうが高速道路だろうがどこでも当てはまります。これを知るのと知らないのとではあきらかに人生が変ってくるはずです。

その発見とは……、

「他の行列は自分の列より必ず早く進む」

by エトーレの法則

「自分の列が遅い！」と思って、あなたが列を離れて他の列に移った途端に、もといた列が早く進むことがあります。これも「エトーレの法則」のなせる技です（笑）。

これは、まあ厳密な法則ではありませんけど、この法則を受け入れると、ラクになりませんか？

並んだレジが遅いほうに当たるのは「当たり前」だととらえると、イライラすることが減ってくるんです。

梅雨に雨が降っても腹が立たないように、当たり前だと思うと腹が立たなくなってきます。

Take a bird's-eye view of your life

～ネガティブな感情との上手なつき合い方　その②～

そうはいっても、そんなにポジティブには考えられないよ……というあなたへ

人は認めてもらってからじゃないと、なかなか新しい一歩は踏み出せません。感情も一緒。まず受け入れ、認めてあげることです。

受け入れるためのとてもカンタンな手法があるのでご紹介します。

小玉泰子さんが生み出された、内なる叡智につながる「まなゆい」というコトダマ・メソッドです。

どんな嫌な自分であろうとも、

「私は、＿＿＿＿＿＿＿＿＿＿と思っている自分を受け入れ、認め、ゆるし、愛しています」

と、４つの言葉で自分の素直な気持ちを全肯定していきます。

たとえば上司にムカッときたら、

「私は、ムカッときたと思っている自分を受け入れ、認め、ゆるし、愛しています」

と、自分の感情を肯定してあげるのです。

具体的なやり方として、不安、迷いなど、気持ちがモヤモヤするとき、自分のありのままの正直な感情や気持ちをそのまま次の空欄のところに入れて認めていきます。

「私は＿＿＿＿＿＿＿＿＿＿と思っている自分を

受け入れ、認め、ゆるし、愛しています」

たとえば、すぐに他人の目を気にしちゃう自分が嫌いだとしたら、

「私は、他人の目を気にしすぎる自分が嫌い！ と思っている自分を受け入れ、認め、ゆるし、愛しています」

と言います。

その次に湧き上がってくる感情を、同じように繰り返し全肯定していきます。

「そうは言っても、そんな自分を好きになれない」という思いが湧いてきたら、「**そうは言っても、そんな自分を好きになれない。**と思っている自分を受け入れ、認め、ゆるし、愛しています」

と言います。

次に、「だって、人に嫌われたらひとりぼっちになってしまうから」というふうに恐れが出てきたら、そう思っている自分も受け入れ、認め、ゆるし、愛します。

これを僕の場合は、朝のお風呂の中で5～15分くらい、自分の心がスッキリするまで、ひたすら湧き上がる思いを4つの言葉で全肯定していきます。

途中「お腹がすいたな」と浮かんでも、

「**お腹がすいたな**、と思っている自分を受け入れ、認め、ゆるし、愛しています」

と、浮かぶものはなんでも全肯定していきます。

慣れてきたら、声に出さずに頭のなかでつぶやくだけでオッケー。

湧き上がる感情をひたすら全肯定していくと、ギリシャ神話のパンドラの箱のように、最後に内側から希望が出てきます。

「まなゆい」で、モヤモヤが消えてスッキリしてきたら、今度は、「では、どんな自分になりたい?」と質問してみるといいです。

それで「こんなふうに生きたい」とか、希望が浮かんできたら、それも同じように「まなゆい」します。

モヤモヤではなく、夢や希望を「まなゆい」する際は、先ほどのように**「〇〇と思っている」**と、自分の感情を客観視して自分と分離させるのではなく、

「〇〇という自分を受け入れ、認め、ゆるし、愛しています」

と変更します。

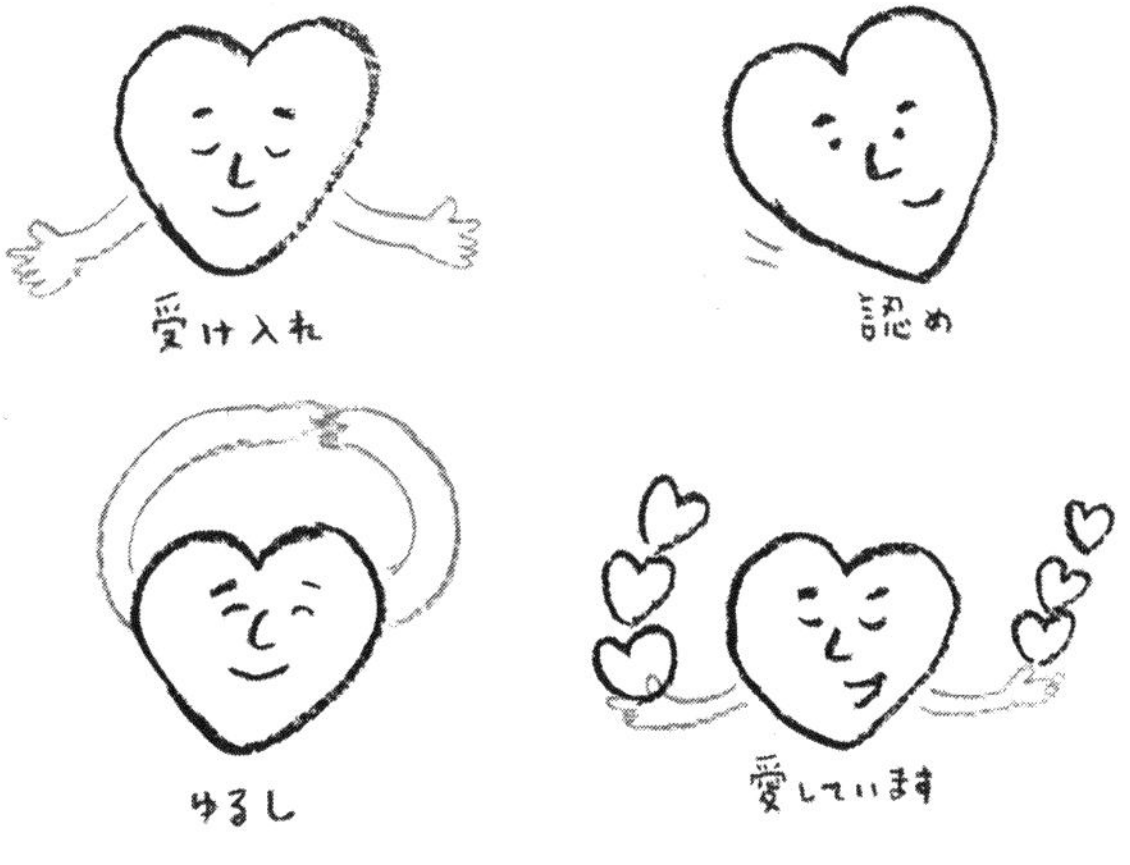

たとえば作家になりたいのであれば、「作家になりたいと思っている自分」ではなく、『作家という自分』を受け入れ、認め、ゆるし、愛しています」と言います。「なりたい」ではなく、自分はすでにそういう存在であることを受け入れます。

微妙な違いですが、**「〇〇と思っている」**というのは、モヤモヤした感情と自分を「分離」させて客観視しています。

一方、**「〇〇という自分」**のほうは、こうありたいという希望の自分と「一体化」し、そうなることに許可を出してあげているのです。

このように「まなゆい」は癒しや悩みの解決を超えて、新しい現実を創造したいときにも使えます。

もし僕がノーベル平和賞をあげられる立場にいたら、この「まなゆい」に贈りたいと思ったくらい、やればやるほど、びっくりするほど気持ちが変わります。

学校でも、ぜひ取り入れてほしい！

自分の感情をありのままに受け入れると心が静まってきます。すると、答えが自分の内側にあったことがわかってくるんです。

（「まなゆい」は、もっともっとさまざまことに応用できるので、より深く学びたい方は「まなゆいワンデイ講座」をおすすめします。http://www.manayui.com/）

第3章

「ショック!」のとき

32

突然のハプニングに見舞われたときは？

すべての
Happenig（ハプニング）は、
Happy（ハッピー）に
変えられる。

ファッションデザイナーのヨウジヤマモトがニューヨークでコレクションを発表したときのことです。ファッションショーの真っ最中に、なんと電源が落ちて、会場は真っ暗闇になってしまいました。

まさに非常事態です。すると、暗闇の中から地響きのような音が聞こえてきた。すべての電源は落ちており、音楽がなるはずのない会場から、ズンドコ、ズンドコ、もとい、ズン、ズン、ズン、ズンと音が聞こえてきたのです。と同時に、明かりが灯るわけないのに、雷のようなまばゆいばかりの光が何十と炸裂し、暗闇を引き裂いた。

ズン、ズン、ズン、ズン、ズン、ズン、ズン、ズン……

地響きのようなリズムが会場を包み、光が炸裂するなか、無事、ショーは続行できました。

いったい会場でなにが起きたのでしょう？

真っ暗闇のなか、会場にきていた記者たちがいっせいにカメラのフラッシュをたくことで、会場に明かりを灯したのです。消えてしまった音楽は、ショーを見ていたお客さんたちが床に足をふみならしてリズムを生み出し、カバーしました。

真っ暗になるトラブルが起きたことで、逆に会場のお客さん全員が一致団結し、ショーを盛り上げて新たな次元に引き上げ、感動を生み出したのです。

今日も不幸は訪れるでしょう。
ハプニングは起きるでしょう。
トラブルはやってくるでしょう。

でも、それがどうした!

そこから感動を引き出すために僕らは生まれてきた。
想定内のことしか起きないドラマは視聴率0です。
僕らの潜在意識は、ほんとはハプニングこそ味わいたいと思っているのです。
だからハプニングが起きたときに、あなたの言うセリフはこれです。

「ようこそハプニング。このときを待っていたぜ」

「happening」と「happy」は語源が一緒です。
ハプニングこそ、ハッピーの幕開けです。

33

ヒゲを剃っていて、
うっかり鼻の下を
切ってしまい、
血が出てしまった。
こんなときは？

妻を幸せにする
チャンスがきた！

その日、僕は家を出かける前にヒゲを剃っていました。寝坊したこともあって、あわてて剃っていたら、手をすべらせて鼻の下を切ってしまった！　血がタラーっと流れました。

鏡のなかにいる「鼻の下から血を流している自分」を眺めながら、僕は自分にこう問いかけてみました。

「これはなんのチャンスだろう？」

僕は数々の著書で、「どんなことでもチャンスに変えられる！」というメッセージを伝えています。

でも、「さすがにこれはムリだろ？」と一瞬思ったんですが……。

「！！！」

ひらめきました。

僕は、血を拭かずに、ダッシュで妻のもとに行きました。鼻の下からタラーと血が流れているこの顔を見た妻は大爆笑。

おかげで、朝からひすい家にしあわせな空気が流れました（笑）。

鼻の下から流れる血ですら、妻に笑顔をもたらすチャンスにできるんです。

ピン血、ピン血、チャンス、チャンス、ラン、ラン、ラン♪

34

ショック！財布を落とした。

とりあえず、サブちゃんの『まつり』を歌う。

思いがけないトラブルが襲ってきたときには、この法則を知っておくと、次に不幸が来るのがちょっとだけ楽しみになります（笑）。

ちまたでは「**MATSURIの法則**」と呼ばれてます。

これは、いま全国で講演にひっぱりだこの人気講師・櫻庭露樹《さくらばつゆき》さんが提唱する法則です。

嫌なことや理不尽なことがあったとき、北島三郎さんことサブちゃんの『まつり』を歌うと、そのあとに、とんでもない奇跡が起きるというのです。

ある方が、5万円を振り込もうと銀行へ寄る前にトイレに寄ったら財布を忘れてしまったそうです。あわててトイレに戻ると財布はありました。しかし、中を見ると、5万円が抜き取られていた！　でも、このとき、思い出したのです。

「**あ、サブちゃん！**」と。

そして、トイレで「あ〜あ、まつりだ♪まつりだ♪」と歌ったのだとか。すると、隣のトイレからおばちゃんが、「サブちゃんかい？」と話しかけてきた（笑）。

このおばちゃんは本題には関係ないんですが、なんとこのあと、彼女は参加したかったセミナー（受講費30万円）の講師から手伝いを頼まれ、無料どころか謝礼までいただき、そのセミナーを受講することができました。

このように、サブちゃんの『まつり』で「まつった」ことにより奇跡が起きたという報告が、連日櫻庭さんのもとに届いてます。

アホになって熱唱する。ここがポイントです。気分は紅白歌合戦のオオトリを務めたサブちゃんになって『まつり』を熱唱できるかどうか。理不尽な出来事が自分の身に起きたとき、アホになりきれる人なんて、まずいない。でもそんなアホが、神様は大好きらしい。

櫻庭さんは言います。

「人生は祭り。病気も事故も、不幸だって祭り。**問題が起きたことが問題じゃない。その問題をどう受け止めるかが一番の問題です。**問題を白く塗るか、黒く塗るかは僕ら次第。意味もわからなくていい。とりあえず白く塗りつぶして祭ってみるんです。あとは天にお任せです」

さぁ歌いましょう。

「あ〜あ、まつりだ♪まつりだ♪」

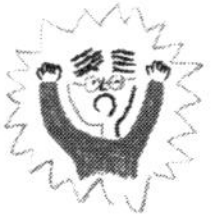

道路に1円玉が落ちてる！こんなときの正しいリアクションは？

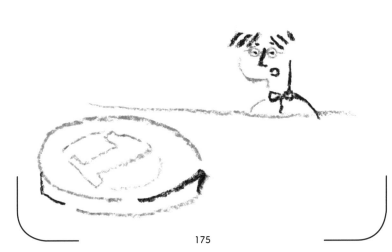

「1円玉」＝「金運」。
「待ってろ！いますぐ
助けてやる！」と、
即座に救出せよ！

ある大富豪が歩いているときに道路で1円玉を見つけました。

その大富豪は1円玉を拾い上げるときに、小声でなにかブツブツ言ったそう。

「なんて言ったんですか?」と聞いたら、「待ってろ! いま助けてやる!」と言ったというのです(笑)。

大富豪は1円玉を恋人のように大切に扱います。

1円を大切にする。そんな人こそ、お金に好かれます。

また、別の大富豪は、溝に落ちた1円玉を取り出そうと、道路にかがみこんで必死に取ろうとしたそうです。たかが1円玉にです。

大富豪は「1円玉」を「金運」と解釈しています。

1円玉の背後には、そのお父さんの10円玉が控えています。

その背後にはおじいちゃんの100円玉が控えている。

そして、その背後には福沢諭吉先生が控えていらっしゃる!

1円玉を助けてくれたあなたには、親戚一同でお礼参りがあることでしょう。

こう考えると、街で1円玉が落ちているのを見かけると、妙にテンションが上がります。

1円玉を見つけて、
思わずガッツポーズが出てしまうときさえあるので、
くれぐれも気をつけてくださいね(笑)。

人生ってシンプルなんです。

大切にしたものから、大切にされるのです。

36

居酒屋で、間違って自分の靴を履いていかれた。

そんなときの
正しいコメントは、
「サイズ合ったかな？」

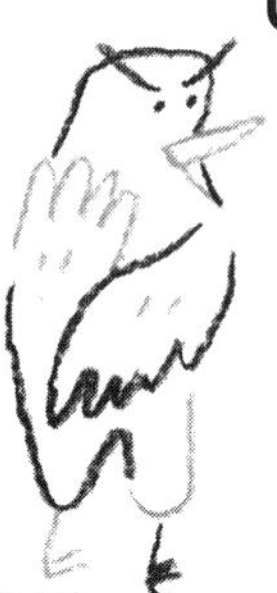

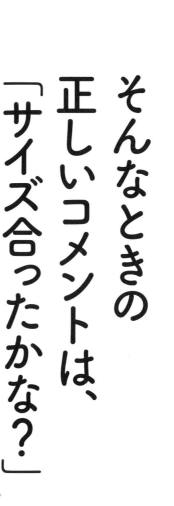

講演で水を飲むたびに笑いをとれる講師がいます。

講演中、こう言うのです。

「いやー、前歯が乾いちゃって」

彼（「わっかん」と呼ばれています）は出っ歯なんですが、それをネタにしてるんです。

今回は、彼と彼の師匠の話です。

彼の師匠は、自宅にさまざまな人を呼んで、よくバーベキューをするそうです。その日もたくさんの人が来て、庭や玄関には脱ぎっぱなしの靴が散乱していた。その中に、師匠の買ったばかりのお気に入りの靴もあったのですが、みんなが帰ったあと、なぜか師匠のお気に入りの靴がない！　大問題です!!!

みながこぞって、なくなった師匠の靴を探そうとしたそのとき、師匠は……

「おいおい、オレのおニューの靴どこ行ったんだ！」

……とは一切言わずに（笑）、ボソッとこう言った。

「サイズ、ちゃんと合ったかな～」

え⁉

みなが耳を疑った。

師匠は、自分のお気に入りだった新品の靴を履いて帰ってしまった人の「足のサイズ」を、気遣っていたんです。

レディ・ファースト ならぬオモイヤリ・ファースト！

自分が困ったときは、相手も困っていないかと考えられたら、あなたもみんなから愛される「師匠」になれます。

「必要なのは知識でなく思いやりである」チャップリン

37

かけこんだトイレに
トイレットペーパーが
ない！！！
こんなときは？

ウンコをしたときに、
地球上の
3分の2の人たちは、
紙を使わない。
さあ、試されるときが
きた!

実は、世界でもお尻をふくときに紙を使うのは、少数派なんです。

じゃあ、なにを使うのか？

砂、小石、葉っぱ、とうもろこしの毛および芯、ロープ、木片、竹べら、樹脂、海藻などです。

これが、ザ・世界のスタンダードです！

あなたの常識は世界の非常識なのだ。

砂をトイレットペーパーとして解釈できるほど、世界は広い。

解釈の可能性の幅が、あなたの宇宙の可能性の幅です。あなたの「認識力」これがあなたの「宇宙」なのです。


で、実際トイレットペーパーがなかったらどうするかですが、

左手を使いましょう。

ボクシングの世界では「左を制すものが世界を制する」という言葉がありますが、この

トイレ緊急事態の場合も左手です。
実際に、インド文化圏では左手をゆすぎながらお尻を洗います。

トイレットペーパーがなくても、僕らには黄金の左手がある。

いつかこの情報が役に立つ日がきっとくることでしょう。
こないことを祈りますけどね（笑）。

家の前に
虫が死んでいた。
いやだなぁ〜。

この虫たちは、
人生最後の瞬間を、
あなたの家で
迎えたかったんだ。

僕の友人は、田んぼの真ん中でカフェをやっています。周りの田んぼで農薬をまくせいか、ある時期になると、毎日お店の前に小さな虫が死んでいる。気持ち悪いし、なんだか縁起が悪いなと思って、友人は毎朝いい気分がしなかったそう。

ところがあるとき、スタッフの一人が、

「この虫たちは、人生の最後をこのお店の前で迎えたかったんですね」

とポツリと言いました。

その瞬間、友人は、死んでいる小さな虫たちが急に愛おしく思えたそうです。

そのスタッフはこう続けました。

「『一寸の虫にも五分の魂』というから、この虫たちにお墓をつくってあげませんか？」

その言葉をきっかけに、友人のカフェは、毎朝お店の前で死んでいる小さな虫たちのお墓をつくってあげて手を合わせることから仕事を始めるようになったのでした。

それまでは、お店の前で死んでいる小さな虫たちを見て「縁起が悪い」と、嫌な気持ちで仕事を始めていました。でもいまは、命に手を合わせて、すがすがしい気持ちで仕事を始められるようになりました。

現象は同じです。
でも、解釈の仕方で、心は真逆に変わります。
問題は外側にあるのではない。
あなたのとらえ方、内側にあるということです。

39

人前でウンコをもらしてしまった。
恥ずかしくて死にたい。
こんなときは？

もらしたウンコを
絵にして飾り、
「ここから天下を取る」
と誓おう！

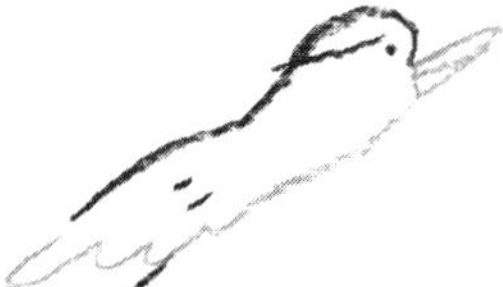

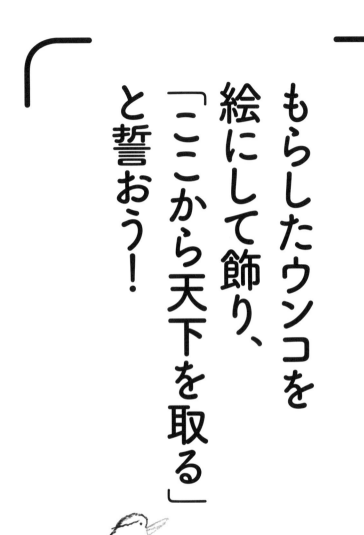

日本の偉人で、中国でめちゃめちゃ人気があるのは誰だと思います？

「ひすいこたろう」と答えてくれたあなたが大好きですが、正解は、イエヤス・トクガワ。

徳川家康です。

徳川家康の本は、中国で大ベストセラーになりました。

その家康本を翻訳した中国の出版社の社長さんは、家康の歴史が記された本を読んで、ある箇所に猛烈に感動して「これは中国で広めねば」と思ったそうです。

それは、家康の三方ヶ原の戦いでの逸話でした。

このとき家康は、武田信玄率いる騎馬隊に完膚なきまでにやられ、恐怖のあまりウンコをもらして逃げ出したと、史実に残っています。

いわばライバル会社に恐れおののき、部下たちを前にウンコをもらして逃げ出したという状況。もう、恥も恥。穴があったら入りたいという状況です。

しかし、家康はそれを隠すことなく、なんと絵師に頼んで、ウンコをもらし、逃げ出した自分の姿を絵に描かせて飾ったというではありませんか。

一番見せたくない自分、一番情けない自分、一番かっこ悪い自分から目を背けずに、それを認め、「俺はここから天下を取る」と誓ったのです。

そして見事に天下を取った。

最悪をバネにして最高のジャンプを見せたのです。

中国ではありえないそうです。英雄のそんなかっこ悪い場面は、歴史から抹消されるからです。中国では、英雄は完全無欠のスーパーヒーローとして描かれます。しかし、日本の英雄はウンコをもらしたことを隠さない。中国の出版社の社長さんはそれに感動して、徳川家康の人生を翻訳して中国全土で広めたいと思ったのです。すると、

「ウンコ・イエヤス超クール！」

とベストセラーになりました（笑）。

かっこ悪い自分を受け入れて、かっこ悪い自分から始めよう。
それこそ、最高にかっこいい生き方です。

よく道を間違えて、遠回りしてしまう。そんなときは？

遠回りすればするほど
思い出が増えるだけ。

東に行きたかったのに西に行ってしまった君へ。
西に行きたかったのに東へ行ってしまった君へ。
僕はそんなおっちょこちょいな君が大好きだ。
大丈夫。ちゃんと最後にはたどり着けるから。
だって地球はまるいから。
遠回りすればするほど、思い出が増えるだけ。

だから遠回りしたっていいんだ。
ゆっくり歩いていけばいいんだ。
いっぱい間違ったっていいんだ。
逆に行っちゃってもいいんだ。
右向け左になってもいいんだ。
おいてけぼりだっていいんだ。
うつぶせになってもいいんだ。
わんわん泣いてもいいんだ。

いいんだよ。いいんだよ。
それでいいんだよ。

だって、そもそもこの宇宙には、いい・悪いはないんだから。
すべての体験は、ぜんぶあって、ぜんぶいいんだ。
だから、安心して行ってらっしゃい。

私の人生は
想定外のことばかり。
やんなっちゃう。

思い通りにならないときは、
思いもよらない
ステキなことが
待っている。

お釈迦様は、この世界は「苦」（思い通りにいかないこと）であると喝破《かっぱ》しました。

思い通りにいかないのがこの世界だと、お釈迦さまが2000年以上前に解明しているのだから、そもそも思い通りにいかないと必要以上に苦しむ必要はないんです。


そもそも、人生は、そういうもんなんです。

なんて書くと、「希望がないじゃないか！」という声が聞こえてきそうですが……


いやいや！！　いや！！！いや！！！

思い通りにいかないときほど希望があるんです！


あなたのこれまでの人生で、とくに幸せや喜びを感じたことを、2つ、3つあげてみてください。それらは、思い通りになった結果、得られたものですか？

僕でいうなら、とくに幸せを感じることは、

「妻と出会い、娘と息子が生まれたこと」

「作家になれたこと」

妻と結婚できたのは、そもそも5年間片思いしていたYさんにフラれたところからドラマが始まっています。フラれてもまだYさんが好きで、Yさんは地元の新潟大学を目指していたから、僕も新潟大学を目指して勉強していたんです。しかし、彼女は受かって僕は落ちた。それで仕方なく東京の大学に出てきました。

そして東京で知り合ったヤマモトくんが紹介してくれた会社に入社。しかし、苦手な営業職に回され、七転八倒。仕方なく書いて伝える道を見出した結果、書くことが次第に楽しくなり、こうして作家になれました。実は、妻ともその会社で出会っています。

Yさんにフラれて泣いた。あれだけ勉強したのに地元の大学に落ちて、フラフラになった。でも、僕に最高の幸せをもたらしてくれた出来事は、思い通りになった結果ではなく、思いもよらなかった想定外なことばかりでした。

行きたい道に天命があるのではなく、行った道に天命があるです。

『赤毛のアン』にもこんなセリフが出てきます。

「人生は思い通りにならないものだけど、思い通りにならないとは素敵なことだわ。思いもよらないことが起きるからよ」

Take a bird's-eye view of your life

～ネガティブな感情との上手なつき合い方　その③～

そうはいっても、そんなにポジティブには考えられないよ……というあなたへ

Ｐ84の「ネガティブな感情とはこうつき合う」、Ｐ155の「まなゆい」、その両方において、要するに根底ではなにをしているかというと、自分を「客観視」できるようにしています。

そもそも心理学は、自分を客観視する技術だと言っていいのではないかと僕は思っています。

自分の人生を映画ととらえて、観客席から眺めるように客観的に見てみるのです。

すると、心に「スペース」（ゆとり）が生まれて「気づき」が起きやすい状況になるのです。

ある心理学者のこんな実験があります。
心に深い傷（トラウマ）を負った人たちのなかで、そのトラウマを乗り越えた人たちと、まだ乗り越えていない人たちで、トラウマとなった出来事の記憶に、なにか違いはあるのかを調べました。

たとえば、親との関係になにかトラウマがあったとします。そのトラウマをすでに乗り越えた人は、記憶の中に「親」と「自分」が登場しました。
一方まだ乗り越えていない人が回想した場合は、「親」しか出てきませんでした。
トラウマを乗り越えた人たちは、回想したときに「自分」が登場する。
一方、乗り越えてない人たちは、回想したときに、そこに「自分」はいない。
この違いはなにを意味しているのかわかりますか？
回想シーンに自分が登場するということは、

「自分を客観視できている」

ということです。

一方で自分が登場しないということは、トラウマがまだ現実のままなんです。現実の視点では、自分で自分は見えません。だから自分は登場しないわけです。

この実験でわかったことは、自分を客観的に見られるこの視点こそ、自分を癒す力になるということです。

自分自身を客観的に見つめることは、脳の前頭葉の持つ認知の働きによるもので、脳科学では「メタ認知」といいます。

そんなふうに鳥の目で空から自分を俯瞰するように、

また、自分の人生を映画を眺めるように客観的に見られると、嫌な感情と自分自身を分離しやすくなります。

すると、心に「スペース」が生まれて、そこに「気づき」が起きるのです。

たとえば、かみさんとケンカしていても、それを空からの視点で眺めてみれば、なんだか怒っている自分がバカらしくなり、ケンカの最中に笑い出したことが僕は何度もあります（笑）。

自分のことは他人のように客観的に眺め、逆に他人のことは自分のように思いやりをもって接するのです。

また、自分の感情に客観的に気づくことができるということは、「感情」＝「自分」

ではないことの証明です。

たとえば、あなたが怒り心頭のとき、「自分」＝「怒り」（１００％）になっています。

でも、怒っているときに、がんばって「今日の夕飯、なににしよう」って考えてみてください。

すると瞬時に、

「自分」＝「怒り」＋「夕飯」となります（笑）

つまり、「自分」＝「怒り」ではなく、ほんとうの自分とは、その感情に気づいて眺めている自分なのです。

感情に気づいていなければ、その感情に流されるだけです。でも、

気づいてたら、自由に選べるのです！

この世界をどのように解釈したいか。どのように生きたいのかを。
未来をあなたが選べるのです。

第4章

「モヤモヤ」のとき

「もう〇歳か。歳とったな」こんなふうに思ったときは？

42

「もう○歳」を
「まだ○歳」に変えるだけで
10年寿命が延びる。

アメリカのある大学の心理学研究チームで、「私はまだ40歳」と考える1000人のグループと「私はもう40歳」と考える1000人のグループで追跡調査をしました。

すると、「私はまだ40歳」と考えた人たちのほうが長生きしたそうなのです。

そこまでは想像できますが、驚くべきは、何ヵ月という単位で長生きしたのではなく、

10年という単位で平均寿命が長かったことです。

「もう」と思うか、「まだ」と思うかで、10年も寿命が違う。


「私はもう40歳」と考える人は、当然、「もう50歳」「もう60歳」と毎年思うことが予想されるので、どんどん自分を老けこませていきます。

一方、「まだ40歳。若い！」と思っていれば、いろいろなことに挑戦できます。

資本主義の父と言われている渋沢栄一のお孫さんである鮫島純子さんは、現在93歳です

が、社交ダンスを始めたのは70歳からだそうです。いまでも元気に、2時間しゃべりっぱなし、立ちっぱなしの講演をされるほどにお元気です。
鮫島さんにかかれば「まだ93歳」なのです。

人生80年を仮に一日としたら
20歳の人は朝6時。
30歳の人は朝9時。
40歳の人は正午12時です。

まだまだなにかを始めるには十分でしょ？
まだまだ冒険するには十分でしょ？
さあ、なにを始めましょうか。

仕事で
なかなか成果が出ない。
自分には
なにが足りないのか……。

足りないのは、
心からのスマイル。

Ｐ１７９の師匠の靴のお話で登場した友人、出っ歯の「わっかん」。

今度は彼がギリシャのアテネに立ち寄ったときのお話です。

当時から、ギリシャは不況のドン底。旅行者が足を運ぶようなメインストリートでは、チップをもらおうと紙コップを置いて楽器を弾いたり、歌を唄ったりする人がいて、みなその日に食べるごはんのお金を懸命に稼いでいました。

わっかんも、「ここで自分はお金を稼げるのか？」と自分を試したくなった。

そして、「そうだ。踊ろう！　俺はダンサーだったじゃないか」と思い出したのです。

そう、彼はＴＲＦのバックダンサーをやっていた男なんです。

早速、ストリートに出た。でも、みんな白い目で見てきます。唾を吐いてくる人、チップを入れる紙コップを蹴り飛ばす人までいた。それでも踊り続け、１時間が経過。

チップはゼロでした。

なんで誰もチップを入れてくれないんだろう？　俺はダンスが下手なのか？

いや、日本ではプロだったんだ。そこで、周りのパフォーマーの人たちをよく観察してみると、チップを稼いでいる人と、そうでない人には大きな違いがあることに気づいた。

稼いでいる人は、ものすごく楽しそう。一方そうでない人は、眉間にしわを寄せながら辛そうな顔をしていたのです。わっかんはハッとしました。

そうだ。自分も笑顔がなかった。心の中で「辛い」と感じながら踊っていた。

わっかんは、もう一度立ちあがり、今度はハイテンションでステップを踏んでターンをしました。上手い下手なんて関係ない。楽しく踊り続けました。

すると、不思議と周りの目も気にならなくなり、さらに踊ること10分。

ついに子どもが寄ってきた。キターーーーー!!!

その子どもと見つめ合いながら笑顔で踊っていると、また、新たな子どもが寄って来ました。すると、その子のお母さんたちがニコニコしながら寄ってきて、

「エフハリストー(ありがとう)」

と、紙コップの中にチャリーン。そのコインが海外で稼いだ初めてのお金になりました。

なかなか成果が出ないとき、足りないのは、心から楽しむ気持ちなんです。

44

あれもできない。
これもできない。
不器用な自分に凹む毎日。
どうしたらいい？

あなたが
凹んでいるからこそ、
凸の出番がある。

僕の友人の菅野一勢さんは、社会人として致命的な欠点があります。

朝、起きれない。

最近一緒にイベントしたときも、5時間も遅刻してきました（笑）。そんな菅野さんだから、まだ若いとき、会社に就職しても必ず寝坊するので、すぐクビになったそうです。こうなったら、もう自分が社長になるしかないと、仕方なく起業。しかし、彼にはまだ致命的な欠点がありました。インターネット業界で起業したものの、

ホームページが作れない。ワードが使えない。エクセルも使えない。

そこで、それらは奥さんに頼むことにした。しかし彼にはまだ欠点が！

長い文章を書けない。

そこで彼は、高校時代のアルバムを上から順番に電話し、フリーライターをやっている人を探し、その人に任せることにした。じゃあ、彼はなにをやるかというと、得意な企画を考えることがメイン。あとは他力本願、得意な人に任せた。その結果どうなったか？

1年で1億円も稼いでしまいました。

あなたが凹んでいるからこそ、それを補ってくれる凸を持つ人の出番があるのです。

ちなみに彼にはさらなる致命的な欠点がありました。

「ラクしたい」という超軟弱な性格。

ラクしたい彼は、どんどんできる人に任せ、彼が会社に行かなくても回っていく仕組みをつくり上げました。その結果、いまでは20社以上の会社のオーナーとなり、大富豪となりました。

いくら凹んでたっていい。自分のダメなところをありのままに受け入れて、そのうえで、「じゃあどうすればいいか？」と自分を活かせばいいだけです。

菅野さんはいつも周りのスタッフに感謝しています。自分ではなにもできないと痛感しているから。

凹んでいる分だけ、感謝することが増えるんです。

45

「失敗したらどうしよう」と、ハラハラして夜も眠れない。どうしたらいい？

成長とは、
新しい失敗を
しでかせること。

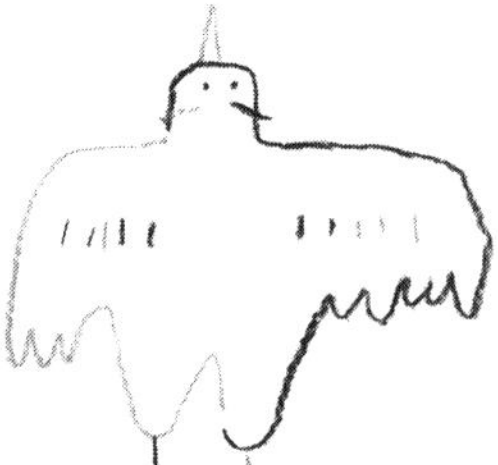

「このなかで、新規事業を10個以上失敗した経験のある方はいますか？」

先ほどもご登場いただいた菅野一勢さんは、自身の講演で、参加者さんによくそう尋ねます。毎回ひとりかふたりが手を挙げます。

菅野さんは、10個以上新規事業を失敗したというその人たちに、次はこう尋ねます。

「でも、みなさんの年収は余裕で1億円を超えていませんか？」

すると、手を挙げた方は、これまで100％の確率で「はい」と答えたそうです。

菅野さんは、現在40歳ながらシンガポールで暮らす大富豪で、20社以上のオーナー。そんな彼は、誰よりもさまざまな事業に失敗しています。ラーメンの通販、化粧品の販売、ダイエットサプリの販売、カレー屋などなど16の事業に失敗。インターネットの情報起業に関しては25回失敗したといいます。

でもそれは、誰よりも挑戦しているということでもあります。

成功の反対は失敗ではない。失敗の先に成功がある。

菅野さんはそのことを知っているので、冒頭の質問をしたのでした。

成功者とは誰よりも失敗した人。菅野さんは、10回以上新規事業にチャレンジして、一度も成功しなかった人を、これまで見たことがないと言っています。

発明王エジソンだって、ランプを発明するまでに1万回以上の失敗をしています。しかし、その失敗について、「この組み合わせはうまくいかないということを発見した」というふうに語っています。

失敗は、「発見」なんです。

失敗は、「発明」なんです。

さあ、新しい服を着て、新しい靴をはいて、新しい失敗をしでかそう。

夢をかなえたいけれど
なにから始めていいか
サッパリわからない。
（夢のかなえ方　その1）

わからないまま進め。
やり方がわかるようなら、
それは夢ではなく、
「ただの予定」。

「いつか本を書いてみたい」

僕が漠然とそんな夢を見始めたのが2002年。でも、僕の周りには本を書いたことのある人が誰ひとりいなかったので、作家になる方法がわからなかったんです。だから、行動を起こすこともなく、なんとなく2年が過ぎました。

そんなある日、心理学の講座を受講したときのこと。8人のグループワークで、僕は本を書いてみたいという夢を語りました。すると偶然にも、その輪の中に作家さんがいた！

「おまえ、本、書きたいの？」

彼は僕よりだいぶ年下だったにもかかわらず、「おまえ」と完全な上から目線！

「……はい。本を書いてみたいです」と僕が答えると、いきなりこう言いました。

「原稿は？」（作家さん）

「え？　原稿ですか？　まだ書いてないです」

「おまえ、意味わかんねえよ」（作家さん）

「え？」

「だって、おまえ、本書きたいのに原稿はないんだろ？　意味わかんねえよ」（作家さん）

いきなり、「意味わかんねえよ」扱いです。

「よく考えてみろ。『僕はミュージシャンを目指しています。1曲も作曲していませんが』というヤツはミュージシャンになれると思うか？　おまえはそれと一緒だよ。俺は本を書きたいと思った時点で書いてた。で、いつなんどき編集者に会ってもすぐに渡せるようにカバンに入れてた。なんでおまえのカバンから、原稿が出てこない？　いまおまえのカバンから原稿が出てきたら、俺はすぐに編集者に渡してあげたよ。おまえはチャンスを台無しにしてる。意味わかんねえよ」

これに対して、僕は「そうは言うけど、俺の周りで本を書いた人なんか誰ひとりいないんだ。だからやり方がわからないんだ！」と言い返したかったのですが、気が弱くて言えませんでした。

もう、悔しくて、悔しくて。とにかくわからないまま進むしかないと思い、ブログを立ち上げて、なんでもいいから1話書いた。それ以来、毎日ブログを書き続けた。結局それが僕のデビュー作『3秒でハッピーになる名言セラピー』につながりました。

方法なんかわからなくたって、今日できる1歩を踏み出せば、次の1歩が見えてくるのです。最後に、きつかわゆきおさんの言葉を贈りましょう。

「やってみなけりゃわからんことだけが楽しい」

でも、やっぱりいくら考えても
夢のかなえ方がわからない。
（夢のかなえ方　その2）

やったことのないことは、
考えるのではなく、
想像する。

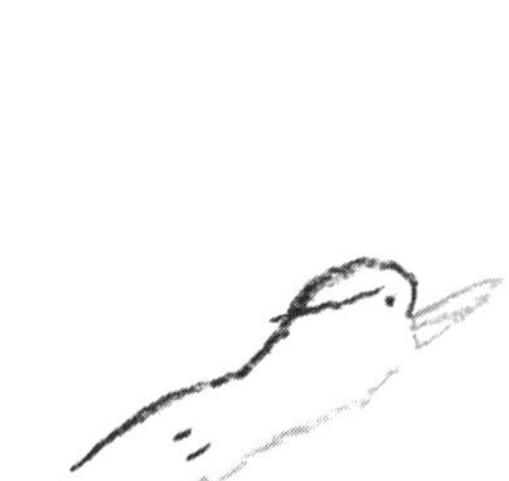

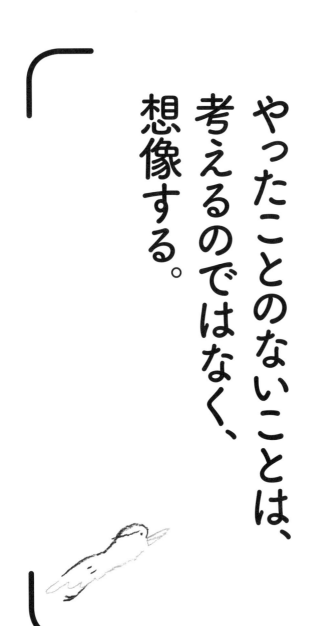

やったことのないことは考えたってわかるわけがない。

だって、やったことないんですから（笑）。


これは心理療法家の矢野惣一先生から教えてもらったのですが、経験のないことは、考えるのではなく、想像するといいとのこと。

自分の願いが具体的にわかっていなくても大丈夫。

夢が全部実現したら、いまとなにが変わっているか、想像してみるんです。


あなたの夢がすべてかなったとしたら、どうなっていると思いますか？

いまとなにが変わっていると思いますか？

どんな家、どんな場所に住んでいますか？

家族との関係は？

どんな仕事をしてる？

どんな友人たちに囲まれてる？

どんなライフスタイルで過ごしている？

いまは持っていない、どんなものを手に入れている？

あなたは、いまはできない、どんなことができるようになっている？

あなたの生活は、いまとどんなふうに変わっていますか？

周りからは、あなたはなんと言われているでしょうか？


こうして想像したら、そのなかから、いますぐできることに取り組むんです。

時間は、過去→現在→未来という順序で流れますが、潜在意識や脳の中では違うのだそうです。脳の中では、未来が一番最初にきます。

つまり、「未来をどうしたいのか？」という目的がないと、脳の時間は動きません。

たとえば、僕らは目的なしには一歩たりとも歩きません。歩いているときは、必ず目的があります。駅に行くとか、コンビニに行くとか、散歩するとか、目的が先にあって、行動が起きます。

目的がなければ、脳は「動け」という指令を体に出しません。

さあ、あなたの夢が、すべてかなったとしたら、未来はいまとなにが違うでしょう？

飽きっぽくて
なにをやっても
長続きしない。

なにをやっても
長続きしない人は
続ける力がないのではなく、
辞める決断力がある。

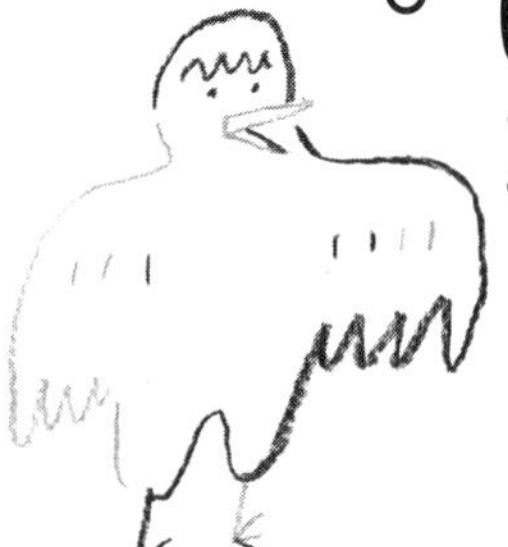

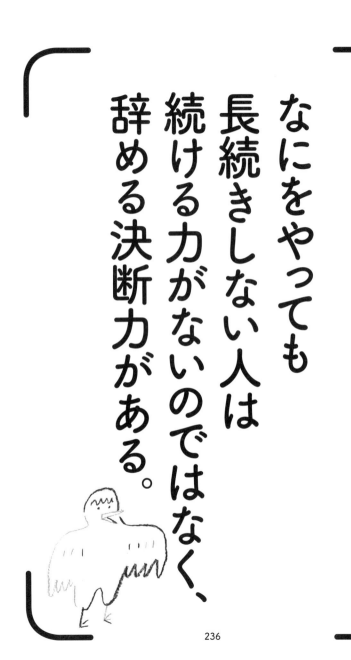

再び大富豪の菅野一勢さんに登場していただきましょう。

というのも、僕の知る限り、彼は「飽きっぽさ日本一」の男だからです。


彼は学生時代から、飽きっぽくてなにをやっても長続きしなかった。

社会人になっても、飽きっぽくてとにかく仕事が長続きしない。

まず土方の仕事を始めたけれど辞めた。

次に、いわゆるオフィス勤務の会社に就職してみたものの、朝が起きれず、これはクビになった。

探偵になったものの、今度は夜が遅くて辞めた。

営業の仕事をやったら、成績はよかったものの、どうしても営業という仕事が好きになれずに辞めた。


こんなふうに、なにをやっても長続きしない人が、「自分は続ける力がない」と考えるのは簡単です。でも、そうではなく、「自分には辞める決断力がある」ととらえて、その個性を生かせばいいのです。

なにをやっても長続きしない人は、逆を返せば、新しいことを始めるのが得意だったりする。

そして長続きしないということは、ダメならダメで次に進むことができる「見切り力」があるってこと。

結局、飽きっぽい菅野さんが向いていたのは、次々に、まったく新しいビジネスを立ち上げることだった。とはいえ、自分はすぐ飽きるので、それも計算に入れて、最初からその事業を担う人を決めておいて、その人を社長にして任せていく方法をとりました。

すると、いい循環が生まれて、あれよあれよという間に菅野さんは20社以上の会社のオーナーになってしまった。

「飽きっぽくて長続きしない」ことこそが、菅野さんの最大の武器だったのです。

最後に、なにをやっても続かないという君に、元男子プロテニス選手の松岡修造さんの名言を贈ります。

「三日坊主OK！　三日間も続けばたいしたもの」

49

小さいことでくよくよしてしまう。

1年後、どうせなににくよくよしていたかさえ思い出せないんだから、安心してくよくよしよう。

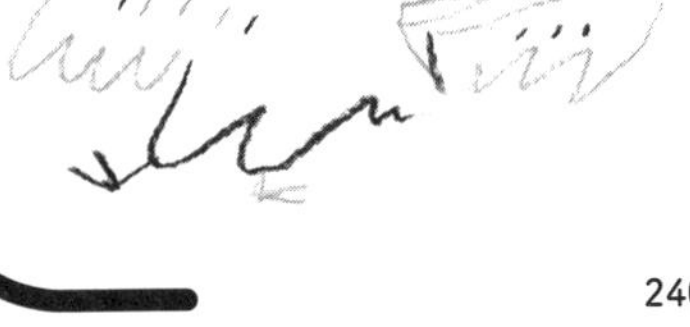

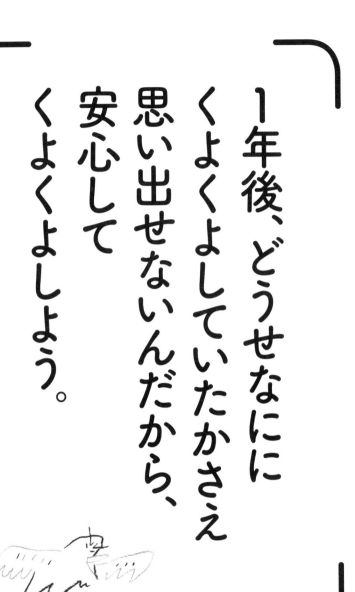

息子が小学1年生になったときのこと。僕は息子にこう伝えました。
「とおちゃんはさ、1年生のころの記憶はほとんどないんだ。だから、いまのことは、大人になるころにはみんな忘れちゃうから、心に刻んでおいてな」
すると、息子はこう言ったんです。

「とおちゃん、オレは昨日のこともう覚えてないよ」

……ごめん、そうだった。キミはいつも、いまを生きる男だもんな。

「1年前、なにに悩んでましたか？」

そう聞いてみると、ほとんどの人はすぐに思い出せない。
つまり、いま悩んでることは、1年後には思い出せないくらいの問題になっているはずです。
だから、まあ、気楽に悩んでくださいな。

安心して悩んでくださいね。

カチ、カチ、カチ、カチ……
1秒1秒の時の刻みは、あなたの味方なのです。
だから、あとは時間が必ず解決してくれます。
そのことを、京都では「日にち薬」といいます。

思い出すたびに
嫌な気持ちになる思い出がある。
どうすれば乗り越えられる？

思い出したときは、記憶を
書き換えるチャンス。
思い出すたびに、
ベートーベンの「第九」を
頭の中でかけよう。

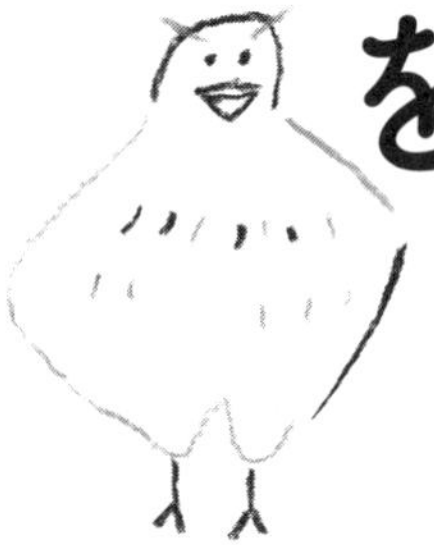

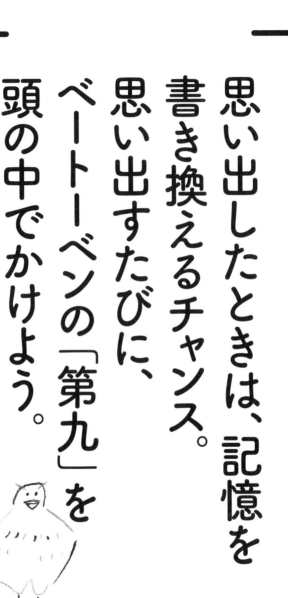

中学生のときに自転車で15分かかる塾に通っていました。帰りが夜の10時ぐらいになると、あたりは真っ暗になってしまうので、帰り道をひとりで帰るのがとても怖かった。

そこであみ出した方法が『ドラえもん』のジャイアンの歌を歌いながら帰ること。「俺はジャイアン。ガキ大将♪」って。すると、怖さが不思議となくなっていったんです。

この**「ザ・メソッド・ジャイアン」**を応用してください（笑）。

嫌な思い出が湧き上がってきたときは、バックミュージックにベートーベンの「第九」のサビの部分を、頭のなかで流してください。べつに「第九」ではなくても、気分が明るくなる曲ならなんでもOKです。

そして思い出の印象を明るいトーンに切り替えます。

嫌な思い出は暗い印象のまま記憶されているので、記憶の明るさのトーンを2倍に画像処理すればいいというわけ。

さらに、嫌な思い出の中の相手を2頭身にして、耳にミッキーをつけてかわいくするのもあり。親の「おまえなんか産まなきゃよかった」という言葉がトラウマになっているのだったら、その言葉をちびまる子ちゃんの声にしてみるのもいい。

こうして、暗い記憶を思い出すたびに、その記憶をキュートに書き換えていきます。

その記憶を思い出すたびに、「本当はどうなっていたかったのか」をイメージし、記憶を書き換えていくのもいいでしょう。

これらをくりかえすうちに、必ず「まあ、いいか」って思える日がきます。

そして、暗い記憶を思い出しているときこそ、記憶を書き換える最大のチャンスだということを覚えておいてください。

僕らの人生に大きな影響を与えるのは、「事実」ではなく「記憶」です。

「過去」は変えられませんが、「過去の記憶」はいくらでも書き換えられるのです。

私は、嫌われてるんじゃないかと思ったら？

51

第4章　「モヤモヤ」のとき

あえて嫌われてみよう。

芸術家の岡本太郎が、まだ無名だった時代。フランスから帰国したとき、当時の日本の絵画界は、ワビ、サビ、渋みの全盛期で、岡本太郎は日本の絵画に違和感を感じたそう。

自分はきれいなものを描きたいわけじゃない。

「なんだこれは!?」と、ぞっとするようなものを描きたい。

しかし……そんな絵を描けば、嫌われてしまうだろう。

マスコミにも取り上げられないだろう。

絵も売れないだろう。

すると、俺は絵で食えなくなるだろう。

食えなくなったら死ぬだろう……。

この道を行ったら、死ぬだろう……。

じゃあ、この道で、死のうか!

岡本太郎は、そう覚悟が決まった。

ワビ、サビ、渋みの全盛期。くすんだ色ばかりが使われていた日本絵画界になぐりこみをかけたのです。キャンバスを真っ赤に染め、真っ黄色を使い、真っ青に塗りあげ、禁断の原色をふんだんに使った。

「好かれないように嫌われるような仕事をしてやろう」と。「嫌われよう」と開き直った岡本太郎は、歴史に残る芸術家として、みなから愛されることになりました。

「嫌われるんじゃないか」と不安なら、あえて嫌われてみよう。

オバケもそうですが、想像してるときが一番怖いんです。だったら、恐れていることにこちらから一歩踏み出してみればいい。

それに、「よっしゃ、嫌われてみよう！」と、「自分の意志」を入れると、気持ちがまったく変わってきます。

たとえば、残業を頼まれて嫌々やるのと、「よし上司を驚かせてやれ。3日かかるところを1日でやってみせよう」と自らの意志を入れるのでは、やる気が全然違います。

そこに自分の意志をひとつ放り込む。

すると、清々しくなるんです。

52

どうしても
わかり合えない人がいて
苦しい。
どうしたらいいの？

わかり合えないことは
不幸ではない。
むしろ、
わかり合えることが
奇跡。

なにごとも期待値が高いと、いつもイライラしていなければなりません。

たとえば、うちの子が漢字のテストで、60点を取ったとき。僕は息子の頭をなでまくり、「すごーーーーーーい!!!」とほめまくりました。

というのも、うちの息子は「白鳥」に「ダチョウ」とルビをふるくらい漢字が苦手だったから（笑）。そのため、漢字テストの結果にはもともと期待していないから、60点でも拍手喝采だったわけです。


自分の期待値（認識）に応じて、感情は変化します。

「わかり合えない、わかってもらえない」と悩んでいる人は、「人と人はわかり合えて当然」というふうに、他人に対して抱いている期待値がとても高いのです。

すると、わかり合えないことにストレスを感じ、なにかとイライラします。


そんなあなたには、ゲシュタルト療法の創始者であるフレデリック・パールズの『ゲシュタルトの祈り』と呼ばれるメッセージを贈りましょう。

「私は私のことをします。
あなたはあなたのことをしてください。
私が生きているのは、あなたの期待に応えるためではありません。
あなたもまた、私の期待に応えるために生きているのではありません。
あなたはあなた、私は私。
もし、私たちの心が通じ合わなくてもそれは仕方のないことです。
そして、私たちの心がたまたま触れ合うことがあれば。
それは最高に素晴らしいことです」

ちなみに脳科学的にも、男性と女性の性格は、平均して20％しか重なる部分がないようにできているので、20％しかわかり合えなくて当たり前だそうです。

そう、誰かと21％わかり合えたら、奇跡なのです（笑）。

どうしても他人の目が気になっちゃう。

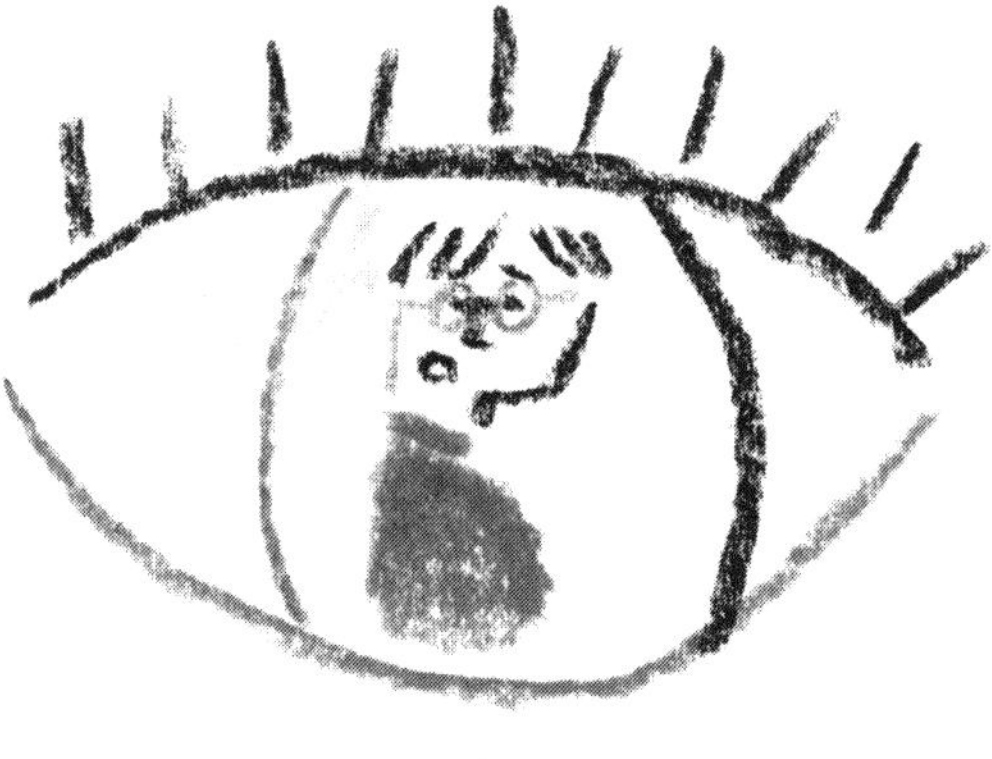

相手はどう思っているか
と考えるのではなく、
自分がどう思っているか
を感じていよう。

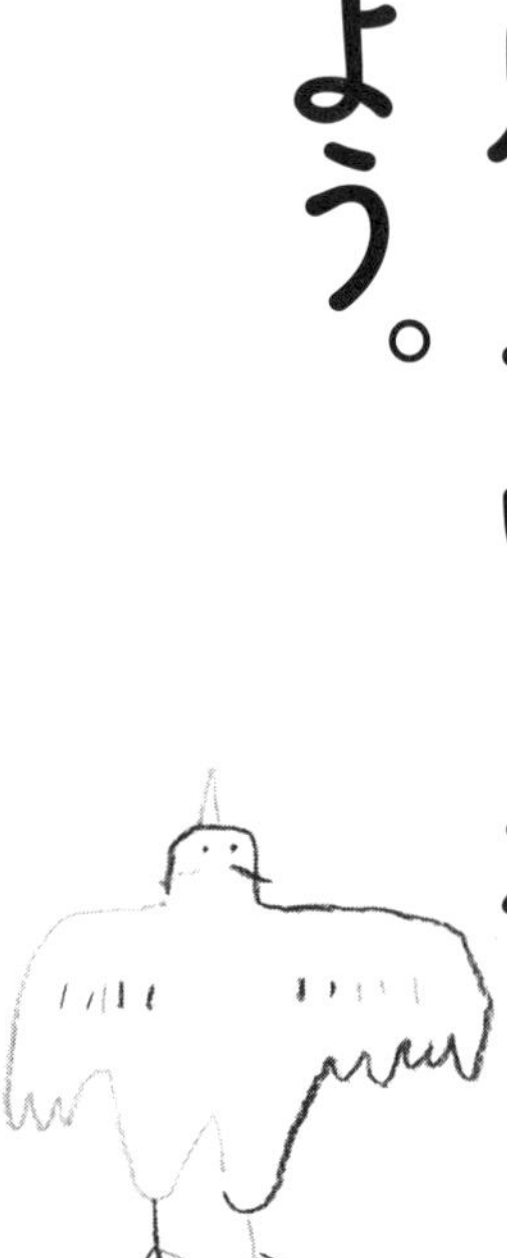

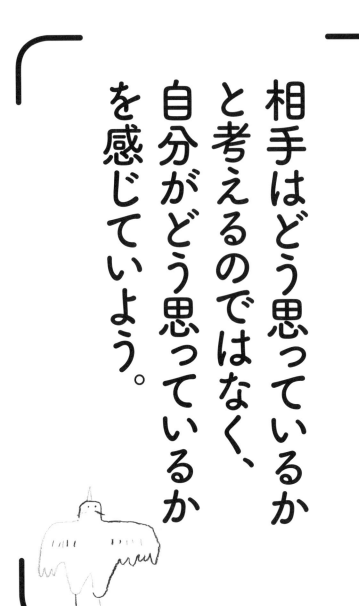

ある日の僕の講演会でのこと。一番前に座っていた男性が、足を組み、腕を組み、すごいしかめっつらで僕の話を聞いていたんです。その挑戦的な態度に僕は圧倒され、その日の講演はグテグテになってしまったのですが、質疑応答に入ると、その彼が真っ先に手をあげたではありませんか！

ドキドキしている僕に、彼はこう言ったのです。

「ひすいさんの大ファンで、やっと今日会えました。ありがとうございました」

え⁉

なに？なに？なに？　大ファンだったの？　早く言ってよ！

僕からは、彼がものすごく反抗的な態度で臨んでいると見えていたのですが、実は違った。彼は子犬のようにキャンキャンした気持ちで一番前に座ってくれていたんです（笑）。

また、ある日の僕の講演会で、やはり前のほうに座って、途中からこっくりこっくり寝始める方がいました。大きく頭をゆらして寝ているので目立つし、僕もその方が気になってうまく話せなかったんです。でも、懇親会で、その方は僕の大ファンで、仕事が忙しいなかでも絶対に来たいと思い、一睡もせずに徹夜で来てくれたということがわかりました。

このことを通して、他人がどう思っているかを勝手に一人で想像するのはやめようって思いました。

だってどんなに想像したところで、たぶんそれは、外れているから。

他人の目が気になったときや、人前で緊張したときは、「相手が自分をどう思っているか」を想像するのではなく、「自分が相手をどう思っているか」に切り替えるのがおすすめです。すると周りに左右されにくくなってきます。

「相手」が自分をどう思っているかはただの想像に過ぎませんが、「自分」がどう思っているかは真実だからです。

54

友人に先に恋人ができたり、
結婚話を聞かされたりすると、
すごく焦る！

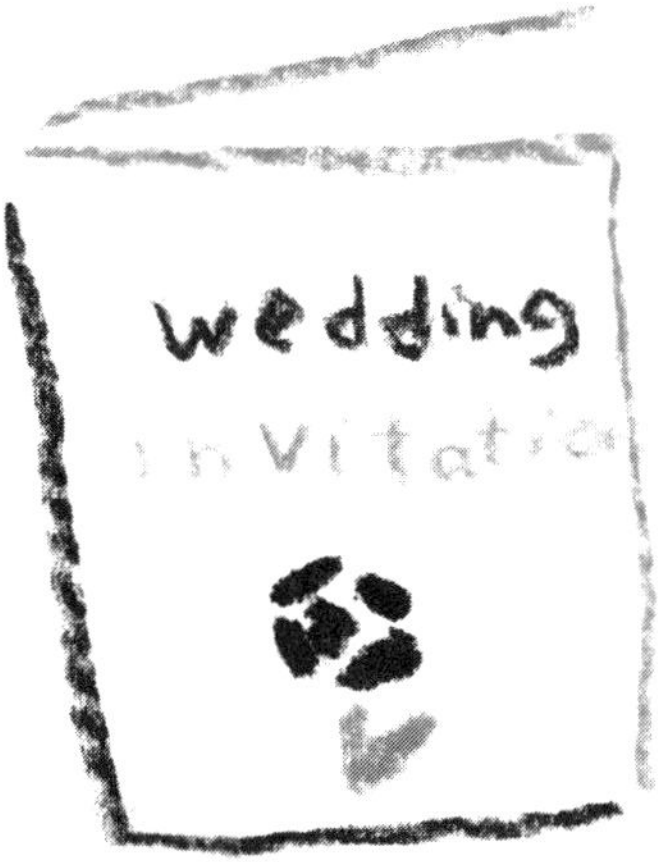

友人を祝福するのは
自分を祝福するのと同じ。
脳に「自分にもできる」
と刷り込むことが
できる。

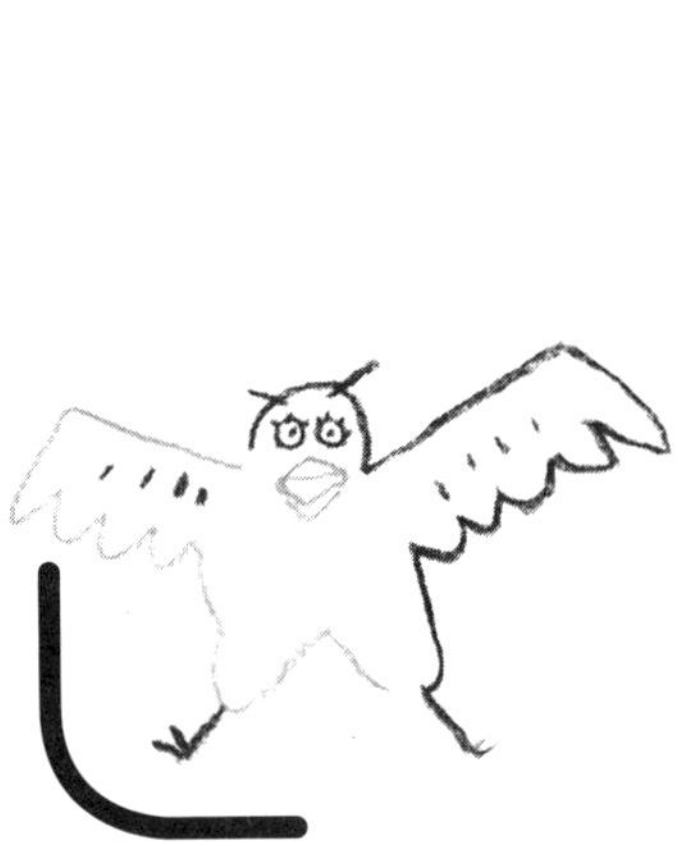

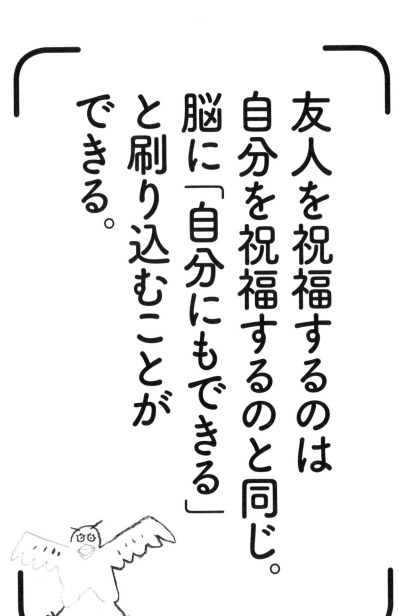

焦っている自分自身や、嫉妬しているその感情を否定する必要は一切ありません。

その感情はそのままで大丈夫です。

P155の「Take a bird's eye view of your life 2」で紹介したコトダマメソッド「まなゆい」で、まず焦っている自分、嫉妬している自分を十分に受け入れ、認め、ゆるし、愛してあげてください。そのうえで友だちを祝福してあげられたらベストです。

脳は「主語が理解できない」と言われています。つまり、人の悪口を言うと、自分が悪口を言われたのと同じ状態になる。逆に「あなたならできるよ」と友人を励ましている人は、自分の脳にも「できるよ」と刷り込んでいることになります。

だから、他人を祝福することは自分を祝福することと、ほんとはイコールなのです。

『ザ・シフト』(ダイヤモンド社)のなかで、ウェイン・W・ダイアー博士は、

「人は〝欲しいもの〟を引き寄せるのではなく、〝自分と同じもの〟を引き寄せる」

と言っています。

同じものは、引き合います。

友人に恋人ができたことを祝福すれば、あなたも同じ状態を引き寄せます。

一緒に喜べば、あなたは喜びのエネルギーに共鳴し、喜びを引き寄せることになるからです。

喜びが、喜びを連れてやってくるのです。

今日から3ヵ月、友だちに「あなたならできる！」って励ましてあげてください。友だちを元気にすると、自分が元気になります。

55

どうしても親を許せない。

許せない親は、自分の反面教師として感謝する。

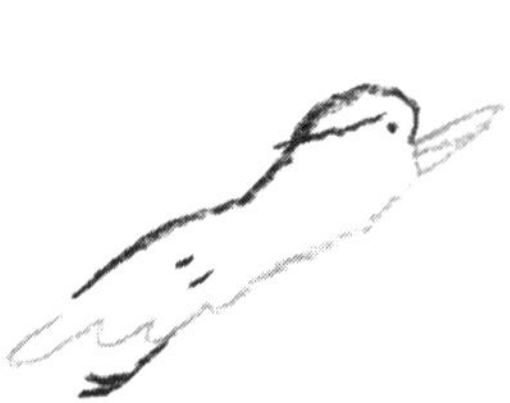

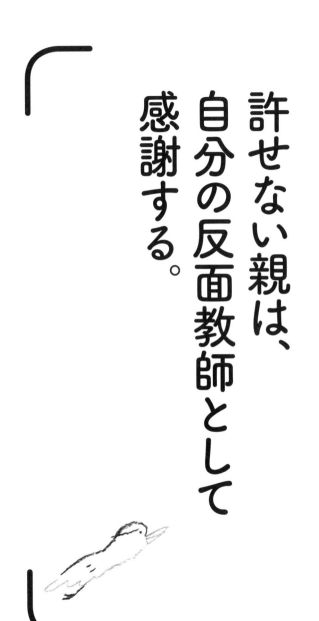

「自分をどんな人だと思っていますか?」

僕がやったあるワークショップで、参加者のみなさんに自分自身に対する定義を書き出してもらったことがあります。

そのとき、「平和主義」「人との調和を重んじる人」「自分の考えは持っているけれど人に合わせる人」と書いてくれたAさんがいました。それを見て、ふと僕は彼女に「Aさんのお母さんってどんな人?」と質問しました。すると彼女は次のように答えました。

「世界は自分のために回っていると思ってる人」

「わがまま」

「絶対に自分の意見を曲げない」

「特別扱いを要求する」

「感情的になってすぐに怒る」

今度は僕は、「じゃあ次は自分の好きなところを書いてみて」と伝えました。

「優しいところ」

「気がつくところ」

「人に指図せず自分で動くところ」

「感情的にならずに人の良い面を見るところ」

とあげてくれました。僕はAさんに伝えました。

「これを見てわかる？　Aさんの長所は全部、Aさんがあげていたお母さんの嫌なところの裏返しになってるよ」

彼女はハッとした表情を見せました。

Aさんがたくさん持っているいいところ。でもそれを持てたのは、お母さんという最高の反面教師がいてくれたおかげだったのでした。

「お母さんを反面教師にした結果、Aさんがいま一番幸せを感じる存在である子どもたちと、最高の関係を築けているわけですよね？」

そう伝えると、彼女の目から涙がポロリ……。

イヤなことの背後には、魂の目的がある。

そう解釈してみてください。

親を許せないなら、許せなくてもいい。

でも、許せなくても、感謝することはできるのです。

いやいやいや。ムリムリ。
反面教師とすら思いたくない。
絶対に親を許せない。

親を許せなくたって、
あなたは
幸せになっていい。

妻の実家で飼っていた「ビック」という名のヨークシャーテリアは、僕のことが大好きでした。僕が行くと、喜びで部屋中何周もグルグル走り回り、ずっと僕のそばにいた。
一方、新しく飼い始めたチワワは僕のことが大嫌い。何度噛まれそうになったか（笑）。

人なつっこい犬だって、好き嫌いがあるんです。

嫌いな人がいるって悪いことじゃないし、許せない人がいることだって、悪いわけじゃない。

たとえ親だって、許せないほどひどい親はいます。
そんなときは許さなくていい。
ただし、ひとつだけ許してあげてください。

親は一生許さなくていいので、

許せないと感じている自分だけは、許してあげてください。

許せないという気持ちの裏側にある「もっと愛してほしかった」「大切にしてほしかった」というあなたの気持ちを、大切にしてあげてください。

ほんとは、許せないんじゃないんです。

まだ、許したくないんです。

だから、許さなくていいので、ひとまずあなたが幸せになってください。

あなたが幸せになれば、オセロでいうならば右端が白になったことになります。生まれたときは誰もが白なので、今日が白になれば、その間にどれだけの黒い闇があっても、パタパタパタと全部が白に反転していきます。

親を許すのは、あなたが幸せになったそのあとで十分です。

親を許せなくたって幸せになっていいんだよ。

なんのために生きるのか、わからなくなった。

あなたにとっての
幸せってなに？
その原点を、
いま一度、
見つめ直すとき。

こんな話があります。とある田舎町。旅行者が地元の漁師さんと話しています。

旅行者「もっと漁をしたら、もっと魚が獲れるのにもったいない」

漁師「いやいや。これで十分だよ」

旅行者「それじゃあ、もったいない。あまった時間はなにしてるの？」

漁師「ゆっくり寝てから漁に出る。戻ってきたら子どもと遊んで女房と一緒に昼寝して、夜になったら友だちと一杯やって歌をうたう」

旅行者「君はもっと長い時間、漁をすべきだよ。それであまった魚は売る。お金が貯まったら大きな漁船を買うといい。それで工場を建てて、そこから魚を世界中に輸出するんだ」

漁師「そうなるまでにどれくらいかかる？」

旅行者「25年もあればそこまでいく」

漁師「それから？」

旅行者「今度は株を売却して億万長者になる。そうなれば、もう働く必要はない」

漁師「それで？」

旅行者「引退したら、海岸近くの小さな村に住んで、日が高くなるまでゆっくり寝て、日中は釣りをしたり、子どもと遊んだり、奥さんと一緒にのんびり昼寝して過ごして、夜になったら友だちと一杯やって、歌をうたって過ごすんだ。なあ、すばらしいだろう？」

漁師「いや、俺いま、そういう生活してるから！」

人はなんのために努力するんだろう？
人はなんのために成功したいんだろう？

幸せになるためですよね？
そうであれば、あなたにとってなにが幸せなのかを、一度じっくり問いかけてみよう。

なにが幸せかわかれば、あとはそこに向かうだけですから、話は早い。
なんのために生きるかわからなくなったときは、原点に還るときと解釈します。
原点とは、「あなたにとっての幸せってなに？」を考えることです。
一番大事なことを、一番大切にして生きられたら、それはもう、幸せですよね。

なんだかんだいって
ほんとはやる気がない。
こんなとき、どうすれば？

やる気が起きないのは
心に原因があるのではなく
体に原因がある。
だから、「寝る子は育つ」
という格言を信じ、
ひたすら寝る！（笑）

やる気が起きないのは、自分のせいだと思っていませんか?

やる気が起きないのは、あなたのせいじゃない。

ただ、あなたの「体」が疲れているだけ。

やる気が出ないときは、有給をとって、ひたすら寝てみてください。

1週間も寝たら自然となにかしたくなりますから。

そして、あなたの「体」に、もっともっとごほうびを与えてください。

おいしいものを食べに行ったり、温泉や空気がいいところに旅行に行ったり。素敵な服やバッグを買うのもいい。

心が苦しいとき、心の問題から解決しようとすると、遠回りになることがあります。

「心の疲れ」=「体の疲れ」ととらえて、心が苦しいときは、体をリフレッシュさせることを考えるほうが早いのです。

精神力とは身体力です。

なんで僕がこう考えるようになったか?

それは、僕の周りにいる天才たちの多くは、人生のどこかの時期で、ひたすら寝ていた時期があることに気づいたからです。

先日も、20代前半ですごい絵を描かれる画家さんと会い、聞いてみました。

「人生の一時期、無性に寝てばかりいた時期はありませんでしたか?」って。

「なんでわかるんですか?」と驚いていました。

人気作家よしもとばななさんも寝てばかりいた時期が数年あったそうです。

やっぱり、寝る子は育つ!

僕も、周りから忙しそうに見られていますが、かみさんには、「あんた、なんだかんだいって寝てばっかり!」とよく文句を言われています。

だって、寝ないといい本かけないですからね。

僕は世界を変えるために、たっぷり寝るのです!(笑)

「深く眠っていても魂は働いており、世界の役に立っている」

ヘラクレイトス(ギリシャの哲学者)

「最近、いいことないな」って思ったら？

いいことがないんじゃない。
いい言葉を使ってないだけ。
「あ〜しあわせだな〜」と、
とりあえず3回
つぶやこう。

お医者さんのグループで次のような実験をやってみたそうです。

5人の先生が別々に、「あれ？　今日は顔色が悪いですけど、どうかしたんですか？」と声をかけると、健康だった人が、なんと病気になってしまったのだとか。今度は逆に、「今日は顔色がいいね」と病気の人に声をかけると、患者さんはどんどん良くなっていった。

この実験を通してお医者さんたちは気がつきました。


「もしかしたら私たちは、言葉で患者さんを病気にさせていたのかもしれない」と。


そうです。

人は言葉で幸せになれるんです。

「なんか、最近いいことないなー」って思ってる人は、いいことがないのではなく、いい言葉を使っていないだけなのです。

試しに、お風呂上りのように、「あ〜」と脱力した声で、「あ〜〜しあわせ〜」とつぶやいてみてください。

脳はある現象が起きたときに、勝手に合理的な理屈を見つけ出そうとする働きがあります。つまり、「あ〜。しあわせ〜」とつぶやくだけで、その瞬間脳は、幸せなことを見つけ出そうとする検索機能が勝手に働きます。

「言葉」はなりたい「幸せ」を引き寄せる検索エンジンととらえてみてください。

「幸せ」と検索すれば、「今日ごはんが食べられること」「歩けること」「目が見えること」などというふうに、小さな幸せにたくさん気づくことができるはずです。

幸せは、なるものではなく、気づくものです。

あ〜こんなステキな本と出合えて幸せ（笑）。

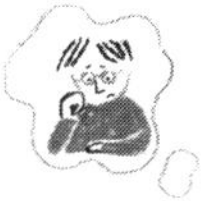

働く意味が
見出せなくなってしまったら、
なにから変えていけば
いいのだろう。

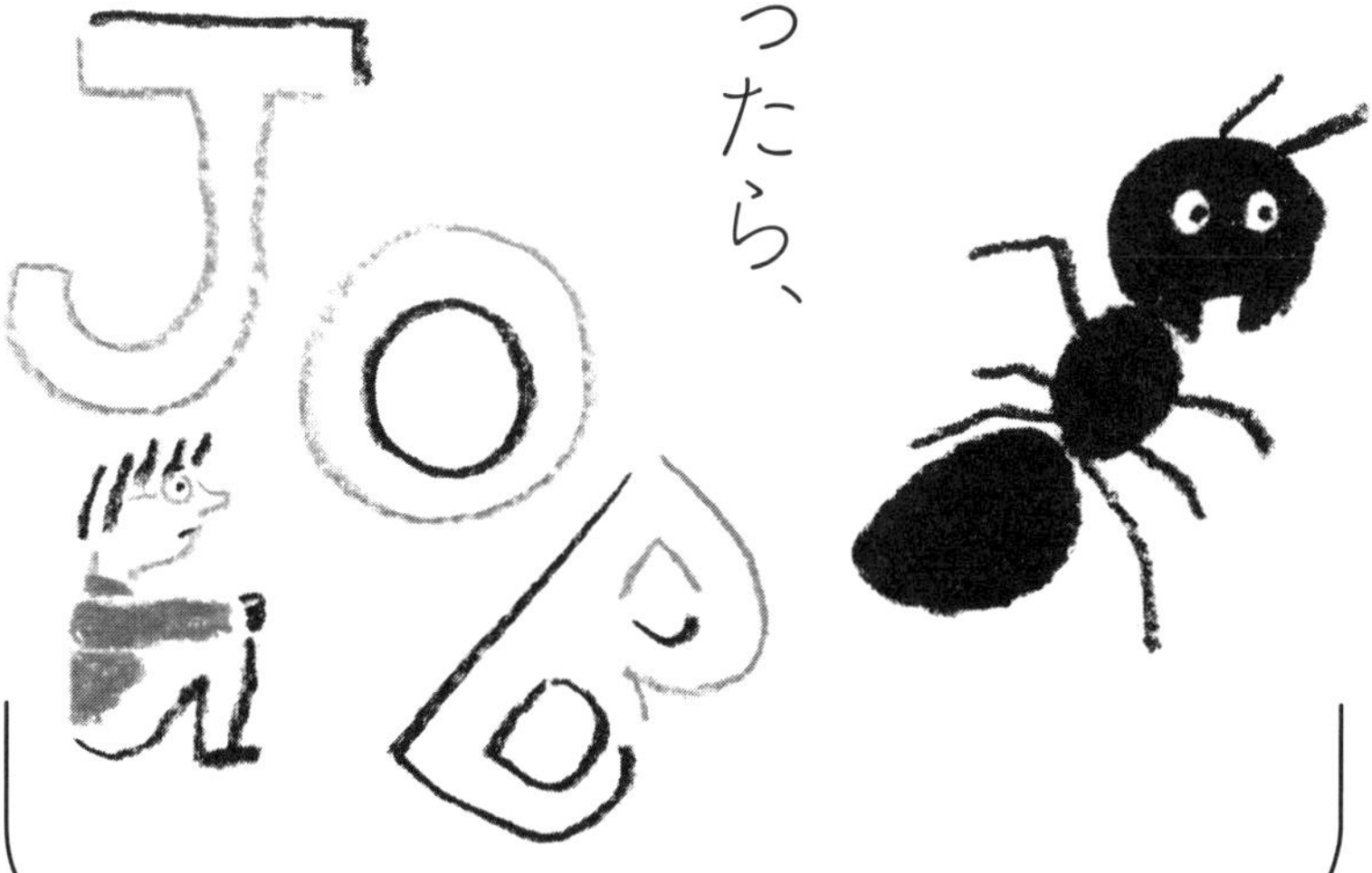

仕事とは感動を与えること。
まず、仕事に対する解釈を
変えてみる。

経営の神様と言われた松下幸之助は、インタビューで、「なぜ土地に手を出さなかったのか？」と聞かれたことがありました。土地を買えばカンタンに儲けることができた時代に、彼は土地に手を出さなかったからです。結果的に、不動産バブルがはじけ、多くの会社が倒産するなかで、幸之助はその難を逃れました。なぜ土地に手を出さなかったのか？
それは、松下幸之助の仕事に対する解釈が違ったからです。

「仕事とは感動を与えること」

みんなの生活を潤すものをつくり、感動を生み出す。それが彼にとっての「仕事」であり、土地を買って値上がりしたところで売るのは仕事でもなんでもなかったんです。

僕の弟の例もあげましょう。弟はおむすび屋をやっていますが、「自分はおむすび屋である」と思っていたときは、赤字続きで、社員もよく辞めていたそうです。幹部社員5人から同時に「辞める」と言い出されたこともあった。そのとき、社員を引き止めるだけの夢を語れない自分に気がつき、働く意味が見出せなくなったそうです。

そのドン底のなかで、自分の仕事の原点を見つめ直した。自分はおむすびを売るだけの人生なんだろうか？って。結果、セルフイメージが変わりました。

「自分の仕事は、食をとおして、日本人が大切にしてきた食文化を伝えていくこと」

日本人が大切にしてきた食文化を伝えるのが、自分のミッションなんだ。

そう考えると、ただおむすびを売るのではなく、おむすびの素材一つひとつの生産者のこだわりにフォーカスするようになった。そして、生産者が大事にしてきた伝統やこだわりを店頭のポップやニュースレターでお客さんに伝えるようにしたところ、次第に社員にもやりがいが生まれて辞めなくなり、ついには黒字に転じたのです。

仕事に対する解釈を変えると、発想が変わり、出るアイデアもまったく変わってきます。

だから、これからはこう考えてみてください。

「私の仕事は人を幸せにすることである」

そう考えたら、発想が大きく広がるはずです。

正直言うと、夢がかなう気がしない。（夢のかなえ方　その3）

夢がかなわないのは、
大きな夢を
持っていないから。

かなえたい夢がある人は、いま抱いている夢と同時進行で、「インドで俳優になるという夢を持て!」と僕はおすすめしています。

ハリウッドを超えて、いまもっとも映画がつくられている映画王国、それがインドです。インド映画は、どんなシリアスな場面でも、突然歌って踊るシーンに切り替わります。ミュージカル形式なんです。つまり、インドで俳優になるには、歌って踊れなければならない。日本人が「インドで俳優になる!」って、絶対ムリそうですよね?

国民の多くが血液型B型の国でムービースターになることは、几帳面な日本人にとって達成不可能と言ってもいいほどの夢ですよね。

そこで、ほんとうの自分の夢を思い出してほしいんです。

すると、インドで俳優になるのに比べたら、

「あ、それ余裕だわ。ちょろいわ」って思えてきますよね?(笑)

「ちょろいわ」って思えたら、俄然、夢はかないやすくなります。

これが、「インドで俳優になる夢を持つと、ほんとうの夢がかないやすくなる理論」の全貌です。

え!? なんの役にも立たなかったですか？（笑）

まじめな話、要するに、絶対に実現不可能そうな途方もない大きな夢をひとつ持つことをおすすめしたいんです。

「この世界から戦争を終わらせるくらいの愛の物語を書いて、ノーベル平和賞をとる」「1兆円稼いで世界中の貧しい子どもを救う」「坂本龍馬を超える革命家になる」などといった、大きな夢を持ってほしい。

I have a BIG DREAM!

すると、目先の自分の夢や目標が通過点になる。

夢は、その夢にびびっている間はかないません。

夢はかなえるものではなく、ただの通過点になったときに、いつのまにか、かなっているものなのです。

Take a bird's-eye view of your life

～ネガティブな感情との上手なつき合い方　その④～

そうはいっても、そんなにポジティブには考えられないよ……というあなたへ

「ポジティブな言葉を言うように心がけていても、ついつい弱音を吐いたりネガティブに考えてしまう。そんな私はダメだって『罪悪感』を感じます」

こんな悩みを抱いている人は多いと思います。

ちなみに、僕にはその罪悪感はありません。ネガティブな言葉だって、「言っていいじゃん」と思っているからです。この場合、罪悪感が生じるのは、「ポジティブな

言葉を使うべきだ」という「解釈」（思い込み）があるからです。

プロローグでも伝えたとおり、人の行動は、このような流れの中で生じます。

①出来事（事実）↓②解釈（意味付け、思い込み）↓③感情↓④行動

③「感情」は②「解釈」あってこそ生まれます。

「感情」は原因ではなく結果なので、結果自体をなんとかして変えるなんてことはできない。原因は「解釈」にあります。

「解釈」とは別の言葉で言うなら、「意味付け」「思い込み」「価値観」です。

あなたが、「～ねばならない」「こうすべき」「こうであるべき」「これが正しい」「これは間違っている」と思っていること全般が、あなたの「解釈」です。

たとえば、「嫌われてはいけない」という「解釈」があると、人目を気にするような「不安」な「感情」が生まれます。

「明るくならないといけない」という思いからは、暗い自分に対する「嫌悪感」が生まれます。

「弱い自分を見せてはいけない」という思いから、弱い自分への「苛立ち」が生まれます。

「頼まれごとは断ってはいけない」という思いから、断ることの「罪悪感」が。

「学校には行かないといけない」という思いがあるから学校に行かない子どもに「イライラ」します。

「すべての人と仲良くしなくてはいけない」という思いがあるから、仲良くできない自分を「嫌ってしまう」。

「感情」の背後には必ず、その原因となる「解釈」があるんです。

ただし、問題の「解釈」（意味付け、思い込み、価値観）は自分にとってごく当たり前のことであるため、ふだんはなかなかその存在にすら気づけません。

でも、嫌な感情が出てきたときこそ、見つけるチャンス。

嫌な感情の裏側には、必ず「解釈」（思い込み）があるからです。
それを教えてくれるのが「感情」というサインです。
嫌な感情が出てきたときは、「自分はどんな思い込み、価値観を持っているから、この嫌な感情が出るんだろう？」と考えてみます。
すると、「嫌われてはいけない」「間違ってはいけない」「学校には行かなければいけない」などというふうに、自分を制限しているものがいろいろ出てきます。

思い込みが出てきたら、

「あ、自分はそう思っていたんだな。はい、ＯＫ！」

と、ただ、認めるだけでいい。

そこに、いい・悪いの価値判断を挟まない。

判断すると、またそこから自分を責めて、無限ループに陥ります。

なにが自分を自由にさせていないのか。そこを見極めるだけで、そこから自由になれます。幽霊だって、正体がわかってしまえば、怖くないんです。

ムリしてポジティブにならなくていい。

ほんとのポジティブとは、ネガティブをありのままに受け入れた状態です。
ありのままを受け入れると、素（ニュートラル）に戻れます。
素に戻れたら、もっと自由に未来を選択できるようになります。

いろいろ学んでいるはずなのに、
結局、自分はなにも変わっていない
気がする。

変わっていない
気がするのは、
気のせいだ！

人は100%変化します。

むしろ「変わるな!」と言われても不可能なほどに、人は変化しています。

その証拠に、あなたは3ヵ月前とは完全に別人です。

細胞は3ヵ月で新陳代謝していくので、3ヵ月前に比べて、まったく新しい細胞であなたの体は構成されているのです。骨だって1年ですべて変わる。1年たてば体の隅々まで別人なのです。

そして、あなたが変わっていないと思っているから、変わっていないように見える現実を創造しているだけ。変わっていないような気がするのは、髪の毛のように少しずつ成長しているから、日々の自分の変化に気がついていないだけです。


僕もあなたも、刻一刻、一瞬一瞬変化しています。

恋人だって家族だって昨日とは違います。一瞬一瞬、すべて新しいのです。


なんなら、5年前の自分と比べてみてください。

10年前の自分と比べてみてください。

できるようになったことがいっぱいあるはず。

「男子三日会わざれば刮目《かつもく》して見よ」という言葉が中国にあります。

3日も会わないでいると、驚くほど成長しているものだから、目をこすってよく見よという意味です。

変化を受け入れましょう。

この世界は、受け入れ、認めたものが花開くのです。

誰の役にも立っていない自分は、生きていていいのでしょうか。

63

第4章　「モヤモヤ」のとき

「全然いいよーーー（笑）。」

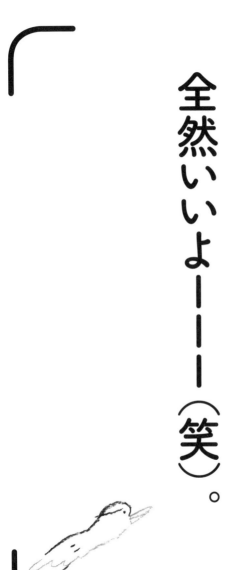

地球で一番栄養が集まるのは深海の海溝です。そこに比重が重い「リン酸」が沈んでいます。この「リン酸」こそ、実は森がゆたかに育つために欠かせない成分なのです。

森に欠かせない成分が、深海の海溝にある。

では、どうやって深海の「リン酸」が森に届くのか？

まず、深海の海溝にいる小さなエビが「リン酸」を摂取します。「リン酸」を摂取したエビが今度は深海魚に食べられる。この深海魚を中間層にいる魚がパクリ。そうこうするうちに、海溝に沈んでいた「リン酸」が海面の上層を泳ぐ魚たちのところまで浮上。

しかし、いまだ海のなか。ここからどうやって森のなかに突入するのか。

そこで**「オッケー俺にまかせろ！」**という魚が登場します。

SAKE《サケ》です！

サケは文字通り命をかけて、海を脱出して川をのぼっていきます。海水から淡水の一番きれいな水のところ、つまり湧き水のところに到達したら、そこで燃え尽き、死にます。

そこにサケの情熱を無駄にしないという漢《おとこ》があらわれます。

KUMA《クマ》です！

クマがサケを森の中で食べ、ついに「リン酸」が森の中に届くのです。今度は、クマが残したサケを食べて、山の頂上まで行きフンをする動物があらわれます。

TANUKI《タヌキ》です！

タヌキが山の頂上でフンをする。これにて、ついに深海の海溝にあった「リン酸」が山の頂上にまで届きました。最後に雨が降り、リン酸は森全体に届きます。

Life is beautiful.

この世界は、それはそれは見事な調和のなかで成り立っているんです。

タヌキがただ頂上でフンをする。それだけでも世界を救っているのです。

同じことが人間にもいえます。誰の役にも立っていないと思うのは自由です。

でも、実際は、あなたがあなたでいるだけで、誰かの役にめちゃめちゃ立っちゃってるんです。

あなたの知らないところでね。

あなたはあなたでいるだけで素晴らしい。

あなたはあなたでいるだけで価値がある。

自分が変わったところで
世界は変わらないと思う。
だから変わらなくて
いいのでは？

あなたが
ご機嫌で過ごすだけで、
世界平和に
貢献している!

人間の犯す最大の罪ってなんだと思いますか？

不倫でしょうか？　人を責めることでしょうか？　怒りに任せて怒鳴ることでしょうか？

ドイツの文豪ゲーテは、人間の最大の罪について、こう言っています。

「人間の最大の罪は不機嫌である」

不機嫌であることこそ大罪です。

あるラーメン屋での例をあげて説明しましょう。お客さんが味噌ラーメンの食券を買ってイスに座りました。店員が「味噌ラーメンでよろしいですか？」と聞くと、お客さんは、

「食券見ればわかるだろうが！　いちいち確認すんじゃねーよ！」


と怒鳴った。怒鳴られた店員は、ラーメンを作ってる職人にうっぷんを晴らすかのように怒鳴り声でオーダーを伝えた。すると職人は「なにあいつキレてんだ!?」と腹が立った。

この職人は、嫌な思いをひきずったまま帰宅。ビールでも飲んで発散しようと冷蔵庫を

開けるけれど、ビールがないので妻を怒鳴った。妻はイライラし、子どもがピーマンを残しているのを見て怒鳴りつけた。

子どもは翌日、学校で友だちに因縁をふっかけてケンカになり、母親が呼び出された。

事情を聞いたところ、昨晩母親に怒鳴られたことにモヤモヤを感じ、ケンカになったと判明。

帰宅した母親が父親にそのことを告げると、実は父親も職場でキレられて、妻にあたってしまったことがわかる。翌日、父親は店員に「なんで昨日いきなりキレたのか？」を問うと、不機嫌な客にむかつく対応をされたことが発端だったことが判明。

これ、フランチャイズのラーメン屋さんの説明会で話されている実話だそうです。

不機嫌は伝染していきます。だから最大の罪なのです。

ということは……

逆にあなたがご機嫌でいることは、まわりにハッピーを投げかけているということ。

ご機嫌も伝染していくからです。

ご機嫌でいるだけで、あなたは世界の幸せの立役者なのです。

さあ、ご機嫌でいこう！ルンルン♪

夕日を見ると
なんだか
寂しい気持ちになる。

夕日が空を染めるとき、
あなたの心も
夢に染まる。

「流れ星に願いを言うとかなう」と言われているのはなぜか？

実はそこには理屈があります。

流れ星が流れるのは一瞬です。その一瞬で願いを言えるということは、ふだんからかなえたい夢のことを考えているからなんです。

夢を思い出す回数と、夢がかなっていくスピードは比例するという話もあります。

だから僕らも、かなえたい夢のことを、日常の中でもっと思い出す仕掛けをつくっておくといい。

その仕掛けに最適なのが、夕日です。

ギネス・ワールド・レコーズで「人類史上最も成功したエンターテイナー」として認定されているKing of Popマイケル・ジャクソン。彼がありとあらゆる夢を次々にかなえることができたのも、実は、夕日に秘密がありました。

「日が沈むのを見るときには
いつも静かに自分の秘密の願いごとをするようにしていた。
最後の光の一片が水平線に隠れて消えてしまう、
その直前に願うんだ。
すると、太陽が僕の願いを受けとめてくれる。
そのとき、願いは、ただの夢ではなく、目標に姿を変えるんだ」

そんなふうに、マイケルは自らの夢のかなえ方の秘密を語っています。

日の出じゃなくて、日が沈む瞬間というのがマイケルらしい。

これからは、夕日を見たら、「ほんとはどうしたい？」と自分に問いかけて、自分の本心や夢を思い出す時間にしましょう。

そして夕日に向かうたびに、夢を宣言する。

夕日が空を染めるとき、あなたの心も夢に染まるのです。

すぐに嫉妬してしまうし、いつも愛の足りない自分に嫌気がさす。どうしたらいい？

この星の70億人が、
みんなそう悩んでいます。

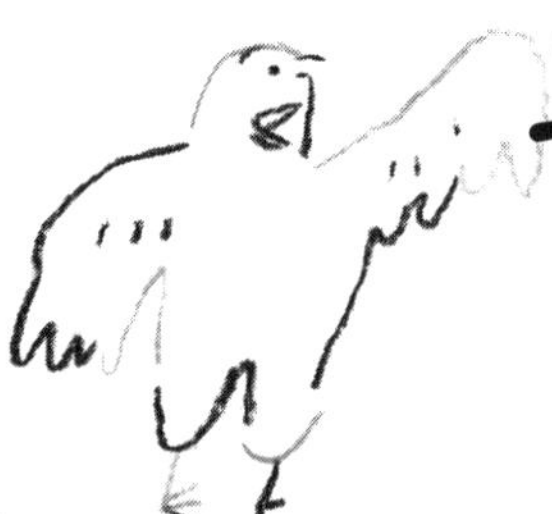

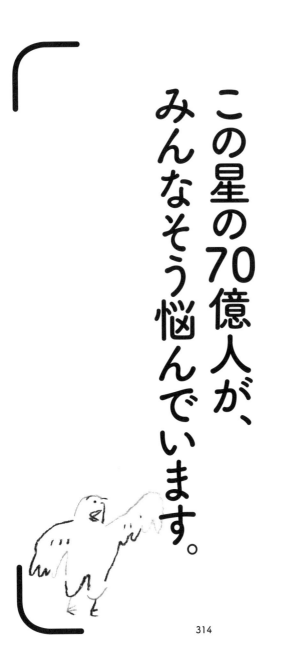

僕らは恋人を幸せにしたいと願います。

ところが、もし他人に恋人を取られて、それで恋人が幸せになったとしたらどうでしょう？

恋人が幸せになるという目的は達成していますが、僕らは嫉妬しますよね？

この星の70億人が、みんな嫉妬すると思います。70億人が言い過ぎだというなら、67億人は嫉妬すると思います（笑）。でも、それは自然な感情ではないでしょうか。


ここで世界最古の叡智といわれる古代インド哲学「ベーダ」の話をさせてください。ベーダが説く宇宙観では、古来、この世界にはひとつなる意識しかなかったというのです。

そして、そのひとつなる意識（神）は、分離することを選んだ。分離しなければ、憎しみも、嫉妬も、恐れもなかったのに、わざわざ分離を選んだのです。

なぜ神は分離を選んだのでしょうか？　ベーダでは理由をこう説明しています。

「愛したかったから」

ひとつなる意識では、そもそも愛する対象がいないので、愛するという体験はできません。憎しみも、恐れも、嫉妬も、なんのために存在するかというと、

愛を体験するためなんです。
愛の出番をつくるために必要なのです。
目的は、愛です。

怪獣がいなければウルトラマンの出番もまた永遠にありません。
僕らは、いつも愛を選べるわけではありません。それは仕方ない。
でも、ギリギリのところで愛を選べるか。
それがいま、この時代に、問われているのです。

Dead or Love?

私の人生はずっと、辛いこと、苦労の連続。これでいいの？

人生のラストシーン。
最悪の思い出は、
最高の思い出に
変わる。

ある方が老人ホームで、
「これまでの人生で、一番幸せだったことは？」
と問いかけたら、みなさん「は？　幸せ？」という感じで、まったく盛り上がらなかったそうです。しかし、次のように問いかけたら、俄然盛り上がり始めた。

「これまでの人生で、一番心に残っていることは？」

この質問に、おじいちゃん、おばあちゃんたちはみんなイキイキして話し始めたそうです。どんな話を？

それぞれの苦労話を！

「イヤイヤ、わしのほうがもっと大変だった！」「イヤイヤ、わしのほうが！」と不幸の自慢合戦となった。

その苦労話を話してるときの顔が、これまた、

最高にイキイキして輝いていた（笑）。

それを聞いていた人は、なんだかわからなくなったといいます。

人は、幸せになるために生まれてきたのか、それとも、苦労を楽しむために生まれてきたのか。


幸せって、振り返ったときにそこにあるものなんです。

大変なことに思いきり直面し、逃げ出すこともできず、泣きながら向き合った思い出が、いつの日かかけがえのない思い出に変わります。


人生には2つの贅沢な時間があります。

楽しんでいる時間か、学んでいる時間。

辛いときほど、深く深く学んでいるのです。

だから、いま苦しくたって、なんとか乗り切ろうよ。

この苦しみにありがとう。

68

病気になったことが受け入れられないときは？

「病気になったのは、過去に原因があるのではなく、未来に原因がある。」

結婚コンサルタントをしている白駒妃登美さんが歴史にくわしいことを知り、一緒に歴史の本をつくろうと僕が提案したとき、実は彼女は、ガンが再発した直後でした。主治医に「この状態で助かった人を今まで見たことがない」と言われ、目の前が真っ暗になったそう。(白駒さんがそんな状況にあることを、僕はまったく知らなかったのですが)

「これから先、お子さんの世話をどなたにしてもらうか、まだ体が動くうちに、早めに家族で話し合って考えておいたほうがいい」

主治医のその言葉が遠くに聞こえた。白駒さんは、この日から一切笑うことができなくなりました。かわいいさかりの小学生のお子さんふたりをおいて、先立たなければいけない。夜、子どもたちの寝顔を見ると、涙が止まらなかったそうです。

やりたいことを次々に実現していて、仕事は充実していたし、食事だってちゃんと気をつけていた。

年齢だってまだ40代。「なぜ私が、ガンに?」と自分がガンになったことが受け入れられず、ずっと泣き暮らしていました。そんなある日、友人がこう言ってくれた。

「私は、妃登美ちゃんが笑顔じゃなくても、どんなに不機嫌でも、生きていてくれるだけでうれしい」

そのころはもう、笑顔でいられなくなっていた妃登美さんですが、「笑顔でなくても私がただここにいるだけで、誰かの希望や勇気になっているのだとしたら、たとえガンが治らなくても、幸せな人生だな〜」と感じました。

このときに、いままでずっと受け入れられなかった病気、その原因は、「過去」にあるのではなく「未来」に原因があるのではないかと、ふと思えたのだとか。

ガンを乗り越える過程が、未来の自分をより輝かせるために必要な体験になるのではと。

そう考えたら、見慣れていた景色が輝いて見え始め、希望と気力が湧き上がってきた。

すると次の検査で奇跡が起きた。

なんと、ガンが消えていたのです。

おかげで、僕との共著である『人生に悩んだら「日本史」に聞こう』(祥伝社)も無事完成し、いま白駒さんは全国を飛び回り、年間約150回の講演をこなすほどの人気者になっています。ほんとうにガンの経験は、輝ける未来のためにあったのです。

「この状態で助かった人を今まで見たことがない」と言われたって、人は希望を見出し、幸せを感じることはできるということです。

なぜなら、幸せは現実が決めるのではなく、心が決めるからです。

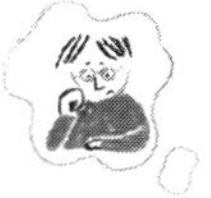

心配性で、
未来に対して
いつも漠然と
不安を感じている。
この気持ち、
どうすればいい？

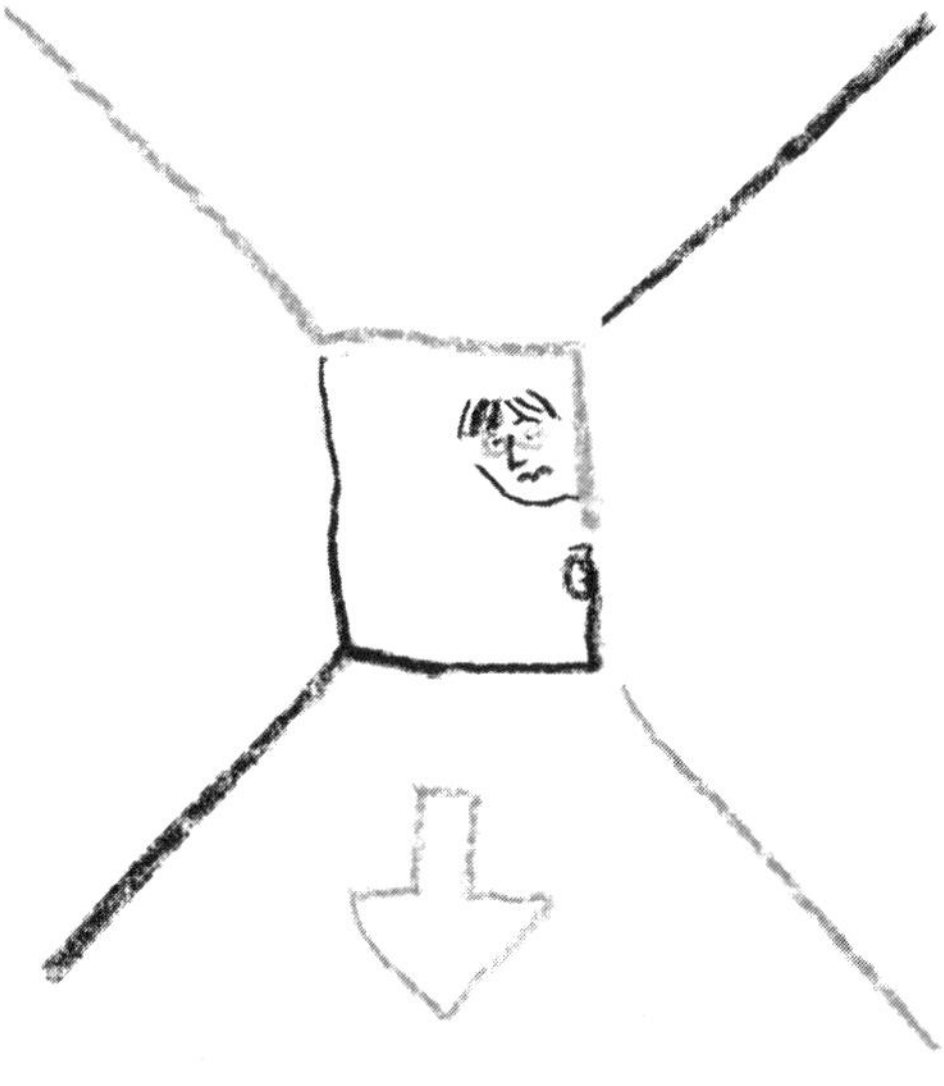

根拠はいらない。未来はバラ色だと決めてしまえ。

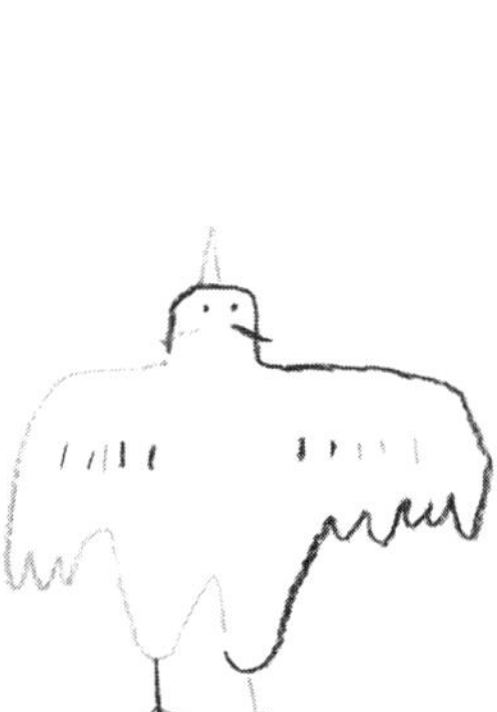

「せんちゃん」と呼ばれるある男性は、1億円の借金を背負うことになったうえに、当時無職でした。どう生きていいのかわからなくなった彼は、コンサルタントの福島正伸先生に相談しました。

しかし、深刻な悩みを打ち明けているにもかかわらず、福島先生はなぜかニコニコして聞いている。一瞬、せんちゃんは「あれ？　なんか俺、楽しい話をしてるんだっけ？」とわからなくなりかけたそう。

一通り話し終わると、福島先生は言った。

「せんちゃん！　世界を変えるときが来たね！」

せんちゃんは当時のことをこう語る。

「人生が終わるときだと思って僕は相談しているのに、福島先生は、

『人生が終わるような目に遭っている人こそが、世界を変えていくんだ』

そう心の底から信じている目をして言った。だから、『そうかもしれない』と僕も本気で

思えちゃったんです。福島先生は、その人の現在の状況にはまったく興味がない。その人の未来が輝いていることを、その人の何千倍も信じている」

自分すら自分の未来に期待していなかったのに、そんな自分に、福島先生は心底希望を感じ、ワクワクしていた。

ならば、自分も自分の未来の味方になろうと、せんちゃんは決めた。

すると、せんちゃんの人生が大きく旋回を始めた。これは、いまや全国でひっぱりだこのスーパー人気コンサルタントになった「せんちゃん」こと、千田利幸さんの物語です。

僕は福島先生にお会いしたときに聞いたことがあります。

「福島先生はどうしてそんなに人を信じることができるんですか?」と。

福島先生はこう言いました。

「僕は人を信じることを仕事にしたかった」

福島先生は決めているのです。自分が出会う人は、みんなすごい人なのだと。

未来は「考える」ものではなく、「決める」ものだったのです。

なにが見たいのか。どう生きたいのか。それを決めてしまえばいいのです。

2匹の狼が闘っている。
1匹の狼は「恐れ」「怒り」
「嫉妬」そして「エゴ」の象徴。
もう1匹は「喜び」「平和」
「愛」「希望」「信頼」の象徴。
勝つのはどっち？

君が選ぶほうさ。

ネイティブ・アメリカンに伝わるこんな話があります。

2匹の狼が闘っている。

1匹の狼は恐れ、怒り、嫉妬、哀しみ、後悔、欲、傲慢、自己憐憫、罪悪感、恨み、劣等感、そしてエゴの象徴。

もう1匹は、喜び、平和、愛、希望、分かち合い、安らかさ、謙虚さ、親切、友情、共感、寛大さ、真理、思いやり、そして信頼の象徴。この2匹の狼が闘っている。

ひとりの子どもがおじいさんにたずねます。

「Which wolf will win?」(どっちの狼が勝つの?)

おじいさんは答えた。

「The one you feed」(君が育てるほうだよ)

実は、これと同じ闘いが、あなたの心の中でも、そして、すべての人の心の中でも起きています……。

君が見たいほうが現実になるのです。君が選ぶほうが現実になるんです。

この世界にあるものはすべて誰かがそう望んだから存在しているものばかりです。あなたの部屋にあるイスだって、ノートだって、ペンだって、デザインした人がそう望んだとおりのものが出現しています。


だからこそ、不安ではなく希望を選ぼう。

恐れではなく、ときめきを選ぼう。

「現状こうだから」「過去はこうだったから」という理由で未来を描くのではなく、「ほんとは、こうありたいんだ」という史上最高の未来を選ぼう。


いまこそ立ち上がって、ワクワクの旗を掲げるんだ。

君が選ぶほうが、この星の未来だ。

THE LAST MESSAGE

「どんなことも7世代先まで考えて決めなければならない」

これはネイティブ・アメリカンの言葉です。

彼らがなにかを選ぶときの基準は、7世代先の子孫が笑顔になるかどうかなんです。

そんなふうに、一人ひとりが見たい世界を選んだら、この世界は一瞬で変わる。

僕が心理学を学んだ衛藤信之先生は、ネイティブ・アメリカンの人たちと1年間一緒に暮らしたことがあります。

彼らは、儀式で使う1本の木を切り倒すのに、どの木を切れば7代先の子孫たちが困らないか、喧々諤々《けんけんがくがく》の話し合いをしていたそうです。たった1本の木を切るのに、そこまで子孫たちのことを真剣に考えるのです。

そして1本切ったら、1本植える。

考えてみてください。

この決断が100年後の未来まで変えています。

「

僕らは、1秒の決断で、
100年後まで変えられるのです。

それができるのは人間だけです。
僕ら人間が、この星の未来を託されているのです。

この星は、僕らの夢でできあがる。
Made in Dream!

」

１００年後の子どもたちがワクワクするような現実を、
いまこそ選ぼうよ。

僕は知っています。
君はそのために生まれてきたことを。
だから、この本を手にとったのです。
最後まで読んでくれてありがとう。

エピローグ
「蛇の解釈」

子どものころの僕の一番の遊び場は、家の前の神社、新潟三条の八幡宮でした。八幡様で遊び育った僕としては、いつかその総本宮である大分の宇佐八幡宮にごあいさつに行きたいと思っていました。その思いが、大分講演の翌日にかなった。スタッフのみなさんが連れていってくれることになったのです。

宇佐八幡宮の本宮は、標高647メートルの頂上付近に鎮座しています。

奥宮は、そこだけ次元が違うような独特の静けさが漂っていました。

その帰り道、山を車でおりていると、運転手さんが急に車を止めたんです。

なにかいる!

なんと、蛇でした。しばらくみなで蛇を眺めていたところ、蛇はまたすっと動き出して、山の中に消えていきました。

帰りの空港のカフェで、みなこの蛇の話で盛り上がっていたなかで、スタッフのひとりが、

「蛇は神の使いだっていうから、今回の旅は祝福されていましたね」

と言いました。すると、先頭の車を運転していた男性が、神妙な顔つきで話し始めました。

「実は、僕の車は気づかなくて、蛇をちょっとかすっちゃったんです。そのあと、生きていたと聞いてほっとしたんですけど、神様の使いを車でひいちゃったなんて、バチが当たるんじゃないかと気が重くて……」

ちゃんと蛇は元気だったのを確認したと伝えても、彼の表情の曇りがとれない。

元気のない彼を見て、僕は彼の力になれるような話をしたいと思ったんです。その瞬間に僕の目に入ったのは、15分前に買った天然水のペットボトルに印字された「湧き水」という文字。サインはタイミングに宿る。僕はこの「湧き水」というサインを「彼の可能性が湧き上がるとき」と解釈した。そんな思いを秘めながら彼と会話してるうちに、次第にこんな会話になった。

「これからどんなことをやっていきたいんですか?」

「これからは仕事で学んだことを情報発信していきたいと思っています」

「それはいつやるんですか?」

「そうですね。これから準備をして5年先くらいに」

「発信するのは5年先じゃないですよね? だって、もうあなたは、準備ができている。あなたの力も可能性も湧き上がってきている。だから今日からでも、明日からでも始めるといいと思います。蛇を踏んでしまったこと、気にしてるでしょ? でもよく考えてみて。今回、神様の使いである蛇に直接かすったのは、僕らのなかで、あなただけですよね? だから、きっとあなたが一番早くいい変化が起きると思うよ」

「あ、蛇のこと、そんなふうに解釈するんですね。なんだかうれしくて泣きそうです」

彼の表情がパッと明るくなった。


さらにこの日、実は飛行機が20分遅れていたのですが、僕はそれもこう解釈して、彼に伝えた。

「いまのこの会話だって、飛行機が20分遅れたからこそできたわけですよね。天が、このことをあなたに伝えるようにという意味で、きっと飛行機が遅れたんですよ」

「そうか、飛行機が遅れたこともそんなふうに解釈するといいんですね」


世界は白いキャンバスなんです。

だからこそ、みんなが喜びを感じられるように、楽しくなるように、世界を自由に解釈すればいいんです。


蛇のことで彼からお礼を言われましたが、むしろお礼を言いたいのは僕のほう。

彼の「あ、そんなふうに解釈するんですね」という言葉を聞いたときに、本の新しい企画が湧き上がったからです。

「解釈ひとつで、世界は素晴らしい場所になる」という本のアイディアです。

そう、それがこの本です。

どう解釈するか、認識するかで、現実の見え方がまったく変わります。
あなたの「認識」こそあなたの「世界」そのものです。
つまりあなたこそ、この世界の救世主だったのです。
だから、神社のご神体は鏡なんです。

神様に拝んでいるとき、鏡に映っているのは拝んでいるあなた自身です。

あなたが変われば、
鏡に映るこの世界も1秒で変化します。

幸せは現実が決めるのではなく、あなたの心が決めるのです。

『3秒でハッピーになる名言セラピー』でデビューしてから10年。
いま、この本を書くことができたことが、ほんとうにうれしくありがたいです。

最後まで読んでくれたあなたが大好きです。

2015年　11月　ひすいこたろう

いよいよ
君が世界を変えるときが
来たね！
行ってらっしゃい。

出典・参考文献

「あした死ぬかもよ?」ひすいこたろう（ディスカヴァー・トゥエンティワン）

「3秒でハッピーになる名言セラピー　英語でしあわせ編」
ひすいこたろう+アイコ・マクレーン（ディスカヴァー・トゥエンティワン）

「明日がみえないときに　君に力をくれる言葉」ひすいこたろう（SD文庫）

「ものの見方検定」ひすいこたろう（祥伝社）

「悩みはこうして幸福に変わる」ひすいこたろう+スズキケンジ（大和書房）

「人生に悩んだら『日本史』に聞こう」ひすいこたろう+白駒妃登美（祥伝社）

「しあわせのスイッチ」ひすいこたろう+ひたかみひろ（王様文庫）

「うまくいかない人間関係は『愛の偏り』が原因です」矢野惣一（廣済堂出版）

「神様につながった電話」保江邦夫（風雲舎）

「人生を笑撃的に素敵にする逆転本」

「ありがとうの神様」小林正観（ダイヤモンド社）

「臨死体験3回でみた2つの未来」木内鶴彦（ヒカルランド）

「雨の日には…」相田みつを（文化出版局）

「一歩を超える勇気」栗城史多（サンマーク出版）

「NO LIMIT」栗城史多（サンクチュアリ出版）

「幸せな家庭を築く心理学」矢野惣一
http://ameblo.jp/mentalconsultant/

「問題解決セラピスト養成講座」スズキケンジ
http://www.nscenter.jp/school/

「夢を実現する今日の一言」福島正伸
http://www.entre.co.jp/mag/index.html

「ヒーリングメソッドまなゆい」小玉泰子
http://www.manayui.com/

「深呼吸する言葉」きつかわゆきお
http://d.hatena.ne.jp/metakit/

SPECIAL THANKS

大山聡子

永松大剛

北村人

ミッチエルあやか(HISUIBRAIN)

小林正観

衛藤信之

矢野惣一

菅野一勢

Noriko Leedy

ぴーち

ひろき

文菜

育代

大原礼子

名取直子

古矢薫

この10年間、僕を育ててくれたディスカヴァー・トゥエンティワンのみなさま。

そして、この10年間、僕の本を売ってくださった本屋さん、

そして何より、こんなところまで読んでくれてる君に。

「Man In The Mirror」マイケル・ジャクソン

「Dream & Dream 〜夢をつなごう〜」弓削田健介

今度は、上記の2曲を聴きながらもう一度読んでほしいな。

次はここでお会いしましょう。

あなたのメールアドレスを登録すると、
無料で名言セラピーが配信されます。

『3秒でHappy? 名言セラピー』

http://www.mag2.com/m/0000145862.html

（まぐまぐ　名言セラピー　で検索）

（全国での講演情報なども紹介しています。登録してね）

フェイスブック

https://www.facebook.com/hisuikotarou

本の感想やファンメールも寝ずにお待ちしています（笑）

ひすいこたろう

hisuikotaro@hotmail.co.jp

あなたの人生がつまらないと思うんなら、それはあなた自身がつまらなくしているんだぜ。

1秒でこの世界が変わる70の答え

発行日　2015年　11月　15日　第1刷

Author　ひすいこたろう

Illustrator　北村 人
Book Designer　永松大剛（BUFFALO.GYM）

Publication　株式会社ディスカヴァー・トゥエンティワン
〒102-0093　東京都千代田区平河町2-16-1 平河町森タワー11F
TEL　03-3237-8321（代表）
FAX　03-3237-8323
http://www.d21.co.jp

Publisher　干場弓子
Editor　大山聡子

Marketing Group
Staff　小田孝文　中澤泰宏　片平美恵子　吉澤道子　井筒浩　小関勝則　千葉潤子　飯田智樹
佐藤昌幸　谷口奈緒美　山中麻吏　西川なつか　古矢薫　伊藤利文　米山健一　原大士　郭迪
松原史与志　蛯原昇　中山大祐　林拓馬　安永智洋　鍋田匠伴　榊原僚　佐竹祐哉　塔下太朗
廣内悠理　安達情未　伊東佑真　梅本翔太　奥田千晶　田中姫菜　橋本莉奈　川島理　倉田華
牧野類　渡辺基志
Assistant Staff　俵敬子　町田加奈子　丸山香織　小林里美　井澤徳子　藤井多穂子　藤井かおり
葛目美枝子　竹内恵子　清水有基栄　小松里絵　川井栄子　伊藤由美　伊藤香　阿部薫　常徳すみ
三塚ゆり子　イエン・サムハマ　南かれん

Operation Group
Staff　松尾幸政　田中亜紀　中村郁子　福永友紀　山﨑あゆみ　杉田彰子

Productive Group
Staff　藤田浩芳　千葉正幸　原典宏　林秀樹　三谷祐一　石橋和佳　大竹朝子　堀部直人　井上慎平
松石悠　木下智尋　伍佳妮　賴奕璇

Proofreader & DTP　朝日メディアインターナショナル株式会社
Printing　株式会社厚徳社

ISBN978-4-7993-1797-6

ラストミッション!

いまから、
鏡の前に行って微笑んでごらん。
そして、鏡に映るその瞳に、
「ありがとう。君と出会えてよかった」
そう伝えよう。
だって、そこに映っているその人こそ、
君の世界を変えた救世主だから。

ありがとう!
君と出会えてよかった。